Raus aus der Erziehungsschablone

Für eine individuelle Erziehung abseits von Gesellschaftsdruck

STEFANIE KUHLMANN

RAUS AUS DER ERZIEHUNGS-SCHABLONE

Für eine individuelle Erziehung abseits
von Gesellschaftsdruck

Impressum

Haftungsausschluss

Deutschsprachige Erstausgabe Juni 2024
Copyright © 2024 Stefanie Kuhlmann

Traumfeder Verlag | Ilias Stefanidis
Alfred-Heinze-Str. 14
58513 Lüdenscheid

Covergestaltung und Satz: Wolkenart - Marie-Katharina Becker,
www.wolkenart.com

Projektmanagement: Ilias Stefanidis

Herstellung und Verlag: Traumfeder Verlag
Lektorat: Sara Münster
Korrektorat: Sara Münster

1. Auflage

ISBN Taschenbuch: 978-3-9825687-6-8
ISBN eBook: 978-3-9825687-7-5
ISBN gebundene Ausgabe: 978-3-9825687-8-2

www.traumfeder-verlag.de

INHALT

ÜBER DIE AUTORIN

Mein Name ist Stefanie Kuhlmann, geboren im Sommer ,69 und aufgewachsen im ländlichen Idyll Süd-Schleswig-Holsteins, wo ich auch heute noch mit meiner Familie lebe. Meine Leidenschaft gilt der Naturheilkunde und der Spiritualität, welche sich auch in meinem Selbstversorgergarten und meiner Liebe zu Tieren widerspiegelt. Als Mutter von drei Kindern und Besitzerin zweier uns zugelaufener Kätzchen habe ich mein Leben den Themen Erziehung und Familie gewidmet.

Die Entscheidung, Vollzeitmutter und Autorin zu sein, entstand aus dem Bedürfnis, Beruf und Familie zu vereinen. Diese Erfahrungen und mein unkonventioneller Erziehungsansatz sind die Grundlagen dieses Buches.

Ich wurde freizügig erzogen, was mir erlaubte, frühzeitig die Grenzen traditioneller Bildungssysteme zu erkunden. Diese Lebensweise hat mich inspiriert, mit meinen Schriften nicht nur Wissen und Erfahrungen zu teilen, sondern auch zu zeigen, dass es jenseits konventioneller Ansichten mehr zu entdecken gibt.

Dieses Buch ist das Ergebnis meiner tiefen Überzeugung, dass Erziehung ein Raum voller Liebe, Vertrauen und Freiheit sein sollte, um Kindern alle Möglichkeiten zu eröffnen, die die Welt zu bieten hat.

Stefanie Kuhlmann

EINLEITUNG

Mein Leitfaden für alle Eltern, die chaotisch,
ehrlich – einfach authentisch – sind

Ich habe mich wahnsinnig gefreut, als ich schwanger wurde. Nein, perfekt war der Zeitpunkt nicht. Ich war bereits 34 Jahre alt und dann hatte ich ein kleines, schreiendes und ständig spuckendes Wesen auf dem Arm, das mich vom ersten Moment an manipuliert hat. Wenn ich meinen Sohn zum Spazierengehen fertig machte und nicht schnell genug war – gab es Geschrei. Habe ich ihn im Bett liegen gelassen, anstatt ihn im Tragegurt vor meinem Bauch zu tragen – gab es wieder Geschrei. Sollte er schlafen, tat er das nur, wenn mein Mann oder ich neben ihm lagen.

In der Geburtsvorbereitung hat mir das niemand erzählt (oder ich habe an dieser Stelle nicht so richtig zugehört). Jeder stellt sich die Zeit nach der Geburt (und natürlich auch die weitere Zukunft) wie „Friede, Freude, Eierkuchen" vor und wird, wenn es schließlich so weit ist, ins eiskalte Wasser geworfen. Denn die Realität ist selten so wie aus dem Lehrbuch. Während bei meiner Freundin scheinbar alles wie am Schnürchen lief, hat mir mein Sohn vom ersten Moment an mitgeteilt, dass sich die Welt von nun an in seinem Tempo und nach seinen Spielregeln drehen wird.

Mit einem Kind ist das noch relativ einfach, denn irgendwie wird es in den Alltag integriert. Kommt aber ein zweites und recht kurz darauf womöglich noch ein drittes Kind hinzu, wird man feststellen, dass es kompliziert wird.

Jedes Kind ist in seiner Persönlichkeit einzigartig und kommt mit individuellen Bedürfnissen und Anforderungen daher. Während mein erstes Kind schon den Kindergarten eroberte, lag mein drittes noch in der Babyschale. Ja, es handelte sich um eine Herausforderung der besonderen Art.

In dieser Situation habe ich zum ersten Mal von einem Erzieher meines Sohnes den Spruch gehört: „Erziehung muss man ertragen können." Hätte ich diesen Hinweis doch bloß früher bekommen. Denn seither zieht er sich wie ein roter Faden durch mein Leben.

Aber nicht immer sind es die Kinder, die herausfordernd sind. Mal sind es die Mütter von Spielkameraden, Freunde, Familie, Nachbarn oder sogar Fremde beim Einkaufen. Ein anderes Mal sind es die Erzieher, die Lehrer oder die Trainer im Sportverein, die mit ihren – vielleicht gut gemeinten – Ratschlägen letztlich doch übers Ziel hinausschießen. Ab einem gewissen Alter wächst zudem in den Kindern das Bedürfnis nach Autonomie, sie möchten mitbestimmen.

Manchmal hatte ich das Gefühl, dass ich mich zerreißen müsste, um den Anforderungen meiner Umgebung zu entsprechen.
Aber wer hat eigentlich entschieden, dass Eltern hinsichtlich ihrer Erziehung irgendjemandem Rechenschaft ablegen müssen?
Natürlich wird es immer wieder vorkommen, dass andere Menschen ungefragt Ratschläge erteilen werden. Einige mögen hilfreich sein, andere sind es nicht und der ein oder andere Ratschlag wird von manchen vielleicht sogar als übergriffig empfunden werden.

In solchen Momenten liegt es an uns als Eltern, den Impulsen – ob gut gemeint oder nicht – mit Bedacht zu begegnen, sie kritisch zu hinterfragen und genau zu überlegen, ob wir sie annehmen möchten.

Was bei der besten Freundin oder der Nachbarin gut funktioniert hat, muss für Eure Familie noch lange nicht passen. Es ist okay, einen eigenen Weg zu finden, individuelle Lösungen auszutesten und Alltägliches so anzugehen, wie es sich für Dich und Deine Lieben am besten anfühlt.

Erziehung, so wie ich sie erlebt habe, geht in zwei Richtungen: Einerseits bist Du in der Verantwortung, Dein Kind zu erziehen. Andererseits wirst auch Du Dich durch diese Aufgabe weiterentwickeln – in Bezug auf Deine Fähigkeiten ebenso wie in Deiner Persönlichkeit. Einige werden vielleicht nicht verstehen, warum es zu diesen Veränderungen kommt. Andere werden sich deshalb möglicherweise von Dir abwenden. Auch das musst Du leider ertragen lernen. Stelle Euren Weg als Familie nicht infrage, nur weil andere es anders machen würden.

Wichtig ist, dass Du Dich in all den Jahren, die die Erziehung Deines Kindes andauern wird, nicht selbst aus den Augen verlierst. *Das* ist auch mir schon passiert. Sicherlich habe ich mir zu Beginn meiner Mutterschaft gewünscht, auch Zeit für mich, meine Arbeit und meine Hobbys zu haben. Geklappt hat das aber nur zum Teil. Woran es gelegen hat, habe ich erst im Nachhinein festgestellt. Solange ich mich als Vollzeitmutter in der Chaosphase mit drei Kindern befunden habe, fand ich das sogar in Ordnung und normal. Nur bedeutet das nicht zwangsläufig, dass es Dir, Deinem Kind und Deinem Umfeld guttut, diesen Weg zu beschreiten, oder dass du ihn gehen musst. Du kannst, indem Du dieses Buch liest, von meinen Fehlern lernen, sie vermeiden und dadurch vielleicht an mancher Stelle eine andere Abzweigung nehmen. Aber vor allem wirst Du lernen, dass Du ebenso wichtig bist wie Dein Kind, Dein Mann oder Deine Frau, Deine Familie und Dein gesamtes Umfeld. Und wenn Du das nicht wahrhaben möchtest, dann stelle Dir diese eine Frage: Was wäre Dein direktes Umfeld eigentlich ohne Dich? Nein, Du brauchst darauf nicht zu antworten. Drehe Dich einfach um, atme einmal tief ein und aus und lächle aus tiefstem Herzen. Und danach geht es weiter mit dem alltäglichen Chaos, dem Du ja eigentlich gar nicht entkommen willst, nicht wahr? Die Antwort ist irgendwo tief in Dir versteckt. Du musst sie nur finden und durch sie Deinen Weg für das Leben mit Deinem Kind oder Deinen Kindern einschlagen – zum Wohle aller Beteiligten.

Ich wünsche Dir viel Spaß beim Lesen und dass Dir meine Tipps und Tricks dabei helfen werden, den für Dich und Euch richtigen Weg zu finden, Erziehung und Elternsein in Einklang zu bringen.

Ganz liebe Grüße von Herz zu Herz

Deine Stefanie

GRUNDLAGEN DER ERZIEHUNG

Bedeutung und Notwendigkeit

Bei der Erziehung handelt es sich um eine soziale Interaktion. Ein Erwachsener versucht sowohl planvoll als auch zielgerichtet, bei einem Kind ein gewünschtes Verhalten entweder zu entfalten oder zu stärken. Bei dieser Interaktion werden die Bedürfnisse des Kindes sowie seine individuellen Eigenheiten berücksichtigt.

Quelle:

Hurrelmann, K., (1994), Mut zur demokratischen Erziehung, in Pädagogik (Weinheim) 7–8/94, Seite 13 ISSN: 0933-422X

Erziehung ist notwendig, damit das Kind lernt, sich in dieser Welt zurechtzufinden, aber auch, damit es sich persönlich bestmöglich entwickeln und sein Potenzial ausschöpfen kann. Dabei hilft in den ersten Lebensjahren für gewöhnlich das liebevolle Umfeld der Familie. Je älter das Kind wird, desto mehr Menschen treten in dieses Umfeld ein. Bewusst, oftmals aber auch unbewusst, beeinflussen sie die Entwicklung und Erziehung des Kindes. Der Lebensweg der Eltern wird ebenfalls immer wieder von anderen gekreuzt, sodass auch sie Veränderungen durchlaufen.

Du und Dein Partner oder Deine Partnerin seid dafür verantwortlich, dass das Potenzial Eures Kindes nicht nur erkannt, sondern auch gefördert wird.

Um seinem Kind durch das Labyrinth des Lebens zu helfen, gibt es viele unterschiedliche Methoden. Leider hast Du an dieser Stelle den berühmten Schwarzen Peter gezogen. Denn es liegt an Dir, für welche

Methode Du Dich entscheiden möchtest. Hier stellt sich die erste schwerwiegende Frage: Ist es überhaupt möglich, sich für einen einzigen Erziehungsansatz zu entscheiden, oder ist es besser, sich diverse Methoden anzuschauen, Literatur darüber zu wälzen und sich das Beste davon herauszupicken? Gibt es überhaupt *die eine wahre* Erziehungsmethode? Ich persönlich würde das verneinen. Aber nur Du allein kannst entscheiden, was für Dich, Dein Kind und Deine Familie das Beste ist. In regelmäßigen Abständen wird die Welt mit einem neuen Erziehungshype überrollt. Allerdings ist nicht jeder Hype für Dich persönlich geeignet. Und selbst wenn Du Dir wünschst, dass Du auf diese Weise erzogen worden wärst, bedeutet das nicht, dass dieser Weg für Dein Kind der beste ist. Denn Du bist nicht Dein Kind und Dein Kind ist auf gar keinen Fall Du. Jeder Mensch, egal wie alt er ist, ist ein einzigartiges Individuum, das man nicht mit einem anderen vergleichen kann und sollte.

Damit kommen wir zur Quintessenz aller Erziehungsmethoden: *Perfekt gibt es nicht.*

Und doch ist es an Dir, die bestmöglichen, situationsbedingten Ansätze für Euch herauszufinden und zu nutzen.

Jeder von uns hat eine eigene Vorstellung davon, wie das „ideale" Leben für ein Kind aussehen sollte. Zudem haben wir alle eine individuelle Herangehensweise für uns entwickelt, mit der wir unser Leben meistern. Somit scheiden alle Erziehungsmethoden und -ansätze aus, die Dir nicht gefallen. Dennoch wirst Du Dich auch ihnen stellen müssen, da sie sicherlich in irgendeiner Form Deinen Weg kreuzen werden. Verschiedene Methoden haben sich im Laufe der Jahre als praktisch erwiesen. Sie haben sich über viele Jahre hinweg etabliert, verändert und als wertvoll herausgestellt. Andere sind durch Forschung und

Wissenschaft entdeckt und der Welt präsentiert worden – und schon gibt es einen neuen Erziehungshype. Dem solltest Du Dich aber nicht anschließen, wenn Du nicht ausreichend informiert bist oder gar Zweifel an dieser Methode hegst. Lass es andere ausprobieren und lerne aus ihren Erfahrungen, aber auch aus ihren Fehlern. Schwarmwissen ist eine gute Sache. Auf diese Weise hast Du ausreichend Abstand und kannst in Ruhe zu einer Entscheidung kommen. Stehe zu Deinen Entscheidungen. Sei gewiss, dass Du mit der Zeit Deine ganz persönlichen Ansätze finden und passend zu Deinen individuellen Erfahrungen und Einstellungen nutzen wirst.

Der Einfluss von gesellschaftlichen und kulturellen Normen

Gesellschaftliche und kulturelle Normen sowie Wertvorstellungen prägen uns von klein auf und sie sind notwendig, damit ein Zusammenleben innerhalb unserer Gesellschaft möglich ist. In der heutigen multikulturellen Zeit können wir beobachten, welchen Einfluss diese Normen und Werte auf die Entwicklung eines Kindes haben.

Haben wir es mit einem religiösen Umfeld zu tun, wird auch das Kind in diesem Glauben und den dazugehörigen Wertevorstellungen aufwachsen. Hierbei spielt es keine Rolle, um welche Religion es sich handelt. Erst wenn das Kind die Pubertät erreicht hat oder sogar noch später, kann es eigenständig den Wert dieses Glaubens für sich beurteilen. Als Kind wird es annehmen, was die Eltern ihm vorleben. Das gilt für Glaubensausrichtungen und Ideologien jeglicher Art.

Egal aus welchem Kulturkreis Du kommst, welcher Religion Du angehörst oder welcher Lebenseinstellung Du folgst, solange Du authentisch bist und bleibst, wirst Du Deinem Kind genau die Unterstützung zuteilwerden lassen, die es benötigt und die Du für richtig hältst.

Selbstverständlich solltest Du auch über den Tellerrand hinausschauen. Außerhalb Deiner individuellen Komfortzone wirst Du Ideen finden, die Du mit Deinem Kind teilen solltest, um sowohl Deinen als auch seinen Horizont zu erweitern. Natürlich heißt das nicht, dass Dein Kind dieses Wissen jemals anwenden wird. Betrachte die Erziehung wie ein Anbieten von vielen kleinen Geschenken, die es annehmen und nutzen kann. Vergiss aber niemals, dass Dein Kind entscheidet, welches Wissen es annimmt und wie es dieses nutzen wird.

Kinder haben einen eigenen Kopf und eine eigene Art, die Dinge anzugehen, die sie durchzusetzen versuchen, ganz gleich, was Du probierst, um eine andere Reaktion oder ein anderes Verhalten hervorzurufen. Darüber hinaus kannst Du Dein Kind dazu anleiten herauszufinden, was es mit neuen Anregungen anfangen kann. Am besten erkundet Ihr die Welt zusammen. Vielleicht wirst Du Deine Einstellung zum Leben ändern oder neue Sichtweisen dazugewinnen.
Ein weiterer wichtiger Aspekt ist das Machtverhältnis zwischen Erwachsenen und Kindern, bekannt als „Adultismus". Adultismus beschreibt das ungleiche Machtverhältnis, das so oft zwischen Kindern und Erwachsenen herrscht. Vermutlich hat sich jeder von uns schon damit auseinandersetzen müssen.

Alltägliche Beispiele liegen auf der Hand:
• Erwachsener – Kind,
• Eltern – Kind,
• Großeltern – Kind,
• Lehrer/Erzieher – Kind.

Alle Eltern wollen „gute Eltern" sein, doch stellt sich die Frage, was „gute Eltern" auszeichnet. Vielleicht Kinder, die an ihre Umgebung angepasst, brav und gehorsam sind?

Leider glauben auch heute noch viele Eltern, dass sie ihren Erziehungsauftrag nur dann erfüllen, wenn sie ihr Kind „unter Kontrolle" haben. Was aber geschieht, wenn Kinder es wagen, sich zu widersetzen? Was geschieht, wenn sie Dich mit einem Nein konfrontieren? Sind sie dann böse, widerspenstig und weniger wert? Musst Du Dich für sie schämen? *Natürlich nicht!*

Im Gegenteil – freue Dich, dass sie eigenständig denken und nicht alles hinnehmen, was ihnen vorgesetzt wird. Du würdest Dich doch auch nicht für Deinen Partner / Deine Partnerin, Deine Geschwister oder andere Erwachsene aus Deinem Umfeld schämen, nur weil sie nicht nach Deiner Pfeife tanzen – oder etwa doch?

Gestehe Deinem Kind zu, dass es ein vollständiges Individuum mit einer eigenen Meinung ist und das Recht hat, Dinge zu hinterfragen und gegebenenfalls anders zu machen. Auf diese Weise kann es zu einem intelligenten und mental gesunden Erwachsenen heranreifen. Kein Verbiegen, kein blinder Gehorsam und kein Kleinmachen! Davon gibt es bereits viel zu viele Menschen. Gib Deinem Kind ausreichend Raum zum Wachsen. Seid Ihr nicht einer Meinung, findet friedvoll einen anderen Weg. Den gibt es *immer*. Es funktioniert, wenn Du Dein Ego zurückschraubst und Dein Kind auf Augenhöhe begleitest, anstatt es von oben herab zu bevormunden oder in eine Schablone zu pressen. Das kann manchmal eine Herausforderung darstellen. Man nennt sie auch „Eltern sein".

Der individuelle Erziehungsplan - Entwicklung eines persönlichen Erziehungsansatzes

Wie das Wort schon erkennen lässt – der Erziehungsplan ist etwas sehr Individuelles. Man kann nicht pauschal behaupten, dass die eine oder andere Methode bei allen Kindern weltweit zum Erfolg führen würde. Jedes Kind ist anders. Das gilt auch für die Eltern. Die Methode, die in der einen Familie funktioniert, führt in der anderen vielleicht zu einer Katastrophe. Wenn Du Dich näher mit Deinem persönlichen Erziehungsplan auseinandersetzen möchtest, ist es sinnvoll, zuvor einen individuellen Check durchzuführen. Setze Dich dazu mit Deinem Partner oder Deiner Partnerin zusammen, denn es ist wichtig, dass Ihr bei Erziehungsfragen zumindest in den meisten Punkten einer Meinung seid und gemeinsam am gleichen Strang zieht. Bist Du alleinerziehend, kannst Du Dir einen Vertrauten zur Unterstützung mit ins Boot holen. Vielleicht Deine beste Freundin, Deine Mutter oder eine andere Person, die Dir nahesteht.

Vielleicht mag es Dir zu Beginn lästig erscheinen, eine Liste zu erstellen, in der Du festhältst, was Dir – oder Euch – wichtig im Leben und in der Erziehung ist, aber auf diese Weise wird es Dir gelingen, Dich detailliert und bewusst mit den von Dir angestrebten Werten auseinanderzusetzen und zu reflektieren, was Du Deinem Kind oder Deinen Kindern mitgeben möchtest. Ganz egal, ob Ihr Euer erstes Kind erwartet oder Ihr schon „mitten im Schlamassel" steckt und vielleicht das Gefühl habt, Euch in der Erziehung festgefahren zu haben, setzt Euch nicht unter Druck. Nur die wenigsten sind in der Lage, diese Liste an einem einzigen Abend zu erstellen. Reflektiert in Ruhe und nehmt Euch die Zeit, die Ihr dazu benötigt. Ein individueller Erziehungsplan kann zudem an jedem beliebigen Punkt Eures Erziehungsabenteuers neu erstellt oder überarbeitet werden.

Schauen wir uns als Erstes die Erziehungsergebnisse genauer an. Ich persönlich habe mir Folgendes für meine Kinder gewünscht:

- Sie sollen glücklich sein,
- sie sollen emotional stabil sein,
- um dem Leben stark entgegentreten zu können, ist Resilienz wichtig,
- sie sollen an ein höheres Ganzes glauben können (spirituelle Ausrichtung).

Mit diesen vier Fähigkeiten ist es ihnen möglich, wortwörtlich *alles* im Leben zu erreichen.

Natürlich sind diese vorgegebenen Ziele individuell. Vielleicht werdet Ihr Euch ähnliche Ziele setzen, vielleicht aber auch vollkommen andere. Welche es auch sein mögen, Ihr habt Euch viel vorgenommen, um sie zu erreichen.

Ihr werdet wahrlich unerschrocken sein müssen und eine gewisse Übung brauchen. Nicht alles, was auf Eurem Erziehungsplan steht, wird sich beim ersten, zweiten oder dritten Versuch umsetzen lassen. Das ist ein Entwicklungsprozess, der unter Umständen Jahre dauern kann. Zudem darfst Du nicht vergessen, dass Du nicht allein vor dieser Aufgabe stehst, weil Dich Dein Partner oder Deine Partnerin sowie Deine Familie und Freunde unterstützen werden. Solltest Du alleinerziehend sein und/oder nicht viele Menschen in Deinem Umfeld haben, die Dir zur Seite stehen, gibt es Anlaufstellen, an die Du Dich wenden kannst, falls Du das möchtest. Allen voran das örtliche Jugendamt und die Familienhilfe. Über die AWO gibt es auch eine Vielzahl von Angeboten oder Du fragst in einer Kita bei Dir vor Ort nach. Die können Dich weiterleiten oder Dir jemanden empfehlen. Nicht zuletzt gibt es unterschiedliche Kurse, die man bei Bedarf besuchen kann – zum Beispiel „Starke Eltern, starke Kinder" u. a.

Wenn Du einfach mal jemanden zum Reden oder einen gezielten Rat brauchst, aber niemand greifbar ist, scheue Dich nicht die sogenannte **„Nummer gegen Kummer"**, das **Elterntelefon**, anzurufen. **Sie lautet: 0800 111 0 550.**

Was auch kommen wird, mache Dir bewusst, dass Du mit Deinem Umfeld nicht immer einer Meinung sein wirst. Lege Dir am besten ein dickes Fell zu und übe Dich in Geduld und Entschlossenheit. Bedenke, dass Dein Kind Dir und seiner Umwelt schutzlos ausgeliefert ist. Bis es die wichtigen Dinge des Lebens gelernt hat, bist *Du* sein ganz persönlicher Schutzschild.

Immer wieder wirst Du feststellen müssen, dass das Leben kein Ponyhof ist. Das gilt natürlich auch für den Bereich der Erziehung. Gehe deshalb gut vorbereitet in dieses Abenteuer und stärke Dich mit dem Wissen, dass Du das schaffen kannst und wirst – ganz gleich, was kommt. Manches Mal werden Dir Steine in den Weg gelegt werden, die Du entweder wegräumen oder umgehen musst. Deine Entschlossenheit und Dein fester Wille werden Deine besten Verbündeten sein. Sie werden Dich immer wieder auf Deinen ursprünglich gewählten Weg zurückbringen. Und zu guter Letzt: Wappne Dich mit Klarheit, Wahrheit und Bewusstsein. Sei genauso klar und ehrlich zu Dir wie zu Deinem Kind. Solltest Du das Gefühl bekommen, Du würdest zu einem Marathon starten, liegst Du vollkommen richtig. Erziehung ist ein Abenteuer, das Dich immer wieder an Deine Grenzen bringen wird. Du wirst Dich selbst hinterfragen, aber auch die Wege, die von anderen Eltern beschritten werden. Du musst Dich natürlich nicht hinterfragen. Aber mitunter ist es sinnvoll, einen Moment innezuhalten und über die Richtigkeit seines Vorgehens nachzudenken. Insbesondere, wenn es zu Krisen zwischen Dir und Deinem Kind kommt, ist eine Reflexion wichtig. Auch wenn ich Dir nur wenige davon wünsche, kann ich Dir garantieren, dass sie kommen werden. Spätestens in der Pubertät.

Die Herausforderung, bei seinem ursprünglichen Plan zu bleiben, steigt mit der Anzahl der Kinder. Kein Kind ist wie das andere, sodass Du genau genommen mit mehreren Plänen jonglierst und diese miteinander in Einklang bringen musst. Das bedeutet natürlich nicht, dass die Herausforderung mit einem Kind nicht ebenfalls immens sein kann. Alle Eltern kennen vermutlich Versagensängste wie: „Kann ich die richtigen Werte vermitteln?", „Was wird sein, wenn mein Kind keine Freunde findet?", „O nein, mein Kind hat Schwierigkeiten in der Schule und ich kann keine Abhilfe schaffen." Diese und ähnliche Gedanken können einem sehr zu schaffen machen – egal wie viele Kinder man hat. Versuche, es von der sportlichen Seite zu sehen, und nimm die Herausforderung an. Denn auch wir Erwachsenen sind noch in der Lage, an den Anforderungen zu wachsen, die das Leben an uns stellt.

Aber vergiss niemals, dass auch Du in diesem Plan vorkommen musst. Du bist kein automatisierter Dienstleister, der problemlos 24/7 zur Verfügung steht. Vielleicht geht das einige Monate gut, möglicherweise sogar ein paar Jahre. Aber dann wird sich Dein Körper holen, was ihm zusteht. Aus eigener Erfahrung kann ich sagen, dass er sich rächt, wenn Du Dir zu viel zumutest und nicht auf ihn hörst. Sich selbst bei all den Verpflichtungen des täglichen Lebens fortwährend hintanzustellen, kann krank machen. Manchmal folgt in solchen Momenten nur ein Infekt, der uns zu einer Pause zwingt. Unser Körper kann aber je nach Veranlagung auch drastischere Wege gehen. Mögliche Folgen können in diesen Fällen Migräne, Tinnitus, Magengeschwüre, vorübergehende Herzleiden oder sogar ein Burn-out sein. Ab und an etwas kürzerzu treten und sich selbst eine Pause zu gönnen, ist kein Privileg, sondern sollte eine Selbstverständlichkeit sein. Baue diese Pausen daher regelmäßig und ganz bewusst in Deinen Tagesablauf ein.

Ein weiterer Punkt sollte die Zuordnung der täglichen Pflichten nach ihrer Wichtigkeit sein. Die Liste dieser Aufgaben ist oft lang und gefühlt wächst sie schneller, als die einzelnen Punkte abgearbeitet werden können. Aber ist es wirklich notwendig, jeden Tag alle Punkte dieser Liste abzuhaken? Manchmal macht es Sinn, einen Augenblick innezuhalten und sich genau das zu fragen. Dann ist die Küche mal nicht picobello aufgeräumt, dafür hast Du zum Beispiel einen tollen Spielenachmittag mit Deinem Kind gehabt, oder im Herbst ist das Laub im Garten liegen geblieben. Auch das macht nichts, das kann man im Frühjahr immer noch zusammenkehren. Nebenbei eine gute Gelegenheit, die ganze Familie einzubinden – und im Anschluss gibt es vielleicht für alle eine leckere Belohnung.

Lerne, nach Deinen ganz persönlichen Vorstellungen und Bedürfnissen zu leben. Auszeiten sind wichtig für Dich als Mutter oder Vater und auch für Euch als Paar. Natürlich sollte man dabei die Familie im Auge behalten. Niemand darf zu kurz kommen. Das kann hin und wieder ein Balanceakt sein, doch ich bin sicher, dass Ihr das schaffen werdet.

Die Kraft der Individualität – die Einzigartigkeit eines Kindes und seiner Bedürfnisse

Es gibt immer noch Menschen, die davon ausgehen, dass alle Kinder gleich gestrickt sind. Dies ist eine Fehlannahme. Denn jedes Kind ist einzigartig. Du wirst bei jedem ganz individuelle Stärken, Schwächen, Vorlieben und Abneigungen bemerken können. Auch wirst Du im Laufe seiner Entwicklung feststellen, dass jedes Kind ein individuelles Tempo besitzt, in dem es die unterschiedlichen Fähigkeiten in seiner eigenen Reihenfolge erlernt. Verzweifle nicht, wenn Dir auffällt, dass Du keinen Einfluss auf diesen Entwicklungsschritt ausüben kannst. Du kannst hingegen vieles tun, um Dein Kind bestmöglich zu unterstützen, zu fördern und zu fordern. Dazu im späteren Verlauf mehr.

Die Bedürfnisse der Kinder sind ebenso individuell. Das eine Neugeborene oder Kleinkind trägst Du beinahe 24 Stunden im Tuch oder auf dem Arm mit Dir herum. Das nächste hingegen möchte am liebsten ruhig im Bett oder im Kinderwagen liegen, die Wolken beobachten und ab und an einmal in den Arm genommen werden.

Du wirst viel über die unterschiedlichen Schlafgewohnheiten lernen, wenn Du mehrere Kinder hast. Vermutlich hast Du Dir vor der Elternschaft noch nie Gedanken darüber gemacht, mit wie vielen Personen – insbesondere Kindern – man in einem Ehebett schlafen kann. Einige machen es sich zur Angewohnheit, sehr lange einen nächtlichen Platz bei ihren Eltern zu beanspruchen, andere hingegen mögen das gar nicht und wieder andere kommen unerwartet nach langer Abstinenz jede Nacht ins elterliche Bett gekrabbelt, sobald das Geschwisterchen auf der Welt ist. Alles ist möglich und in Ordnung, solange es für alle Familienmitglieder gleichermaßen funktioniert. Wenn jemand darunter leidet, sich womöglich Ängste entwickeln oder durch das gemeinsame Schlafen in einem Bett zu viel Unruhe entsteht, die zu einem qualitativ schlechten Nachtschlaf führt, sollte gemeinsam überlegt und nach Alternativen geschaut werden.

Hinzu kommt, dass nicht jedes Kind seine Bedürfnisse gut artikulieren kann. Es ist also nicht nur als Neugeborenes auf Deine intuitiven, beinahe hellseherischen Fähigkeiten angewiesen. Hierbei handelt es sich aber nicht um einen „Fehler im System" oder Deine Unfähigkeit, Deinem Kind das Sprechen beizubringen. Vielmehr liegt es in der Persönlichkeit verborgen. Hast Du ein solches Kind, musst Du Dich nicht verrückt machen. Denn auch diese Kinder werden gut aufwachsen und mit den Unebenheiten des Lebens fertigwerden. Es gibt viele Wege, sich zu artikulieren. So wird auch Dein sprechfaules Kind einen Weg finden, sich mit Dir zu verständigen. Selbstverständlich wirst Du es nach besten Kräften unterstützen, aber mitunter ist es notwendig, darauf zu vertrauen, dass Dein Kind seinen eigenen, ganz besonderen Weg im Leben gehen wird. Beobachte, unterstütze – mehr kannst Du nicht tun. Ein weiterer Rat von mir, fühle Dich nicht auf das Abstellgleis verfrachtet, wenn Dein Kind die meisten seiner Erfahrungen allein machen möchte. Selbstständigkeit ist individuell. Sie kann sich durchaus als vorteilhaft erweisen, doch hin und wieder wirst Du Dich vermutlich vor den Kopf gestoßen fühlen. Jedes Kind hat einen persönlichen Drang, seine Selbstständigkeit auszuweiten. Vielen Eltern fällt es schwer, das zu akzeptieren. Letzten Endes läuft aber alles auf die Selbstständigkeit des Nachwuchses hinaus.

Um die Entwicklung ihres Kindes bestmöglich zu unterstützen, gibt es ein paar Dinge, die Eltern ihren Kindern mitgeben sollten:

• Liebe,
• Vertrauen,
• Schutz,
• Fürsorge,
• Zuwendung,
• Nähe,
• Geborgenheit,
• Sicherheit,
• Anerkennung,
• Anregung,
• Förderung,
• Kommunikation (je mehr, desto besser).

Anfänglich ist es nicht einfach herauszufinden, wie viel ein Kind von den einzelnen Punkten benötigt. Aber dafür hast Du Deinen Erziehungsplan und Deine Intuition.

Einige Eltern loben zum Beispiel viel, andere sind damit sparsamer. Welchen Weg gehst Du? Der Weg des Lobens wird in unseren Breitengraden gern eingeschlagen, jedoch kann man sich darin auch verlieren. Vielleicht stellt sich Dein Kind bei Kleinigkeiten breitbeinig vor Dir hin und fordert dieses Lob ein. Damit gerätst Du ganz schön in die Zwickmühle. Denn Alltägliches muss nicht jedes Mal mit einem Lob versehen werden. Hierzu gibt es recht kontroverse Ansichten. Allerdings wird in den meisten Kinderzimmern, meiner Meinung nach, zu viel gelobt und die wenigsten Eltern kämen in Bezug darauf auf die Idee, dass dieses Verhalten auch negative Auswirkungen auf die Entwicklung ihrer Kinder haben kann.

Wenn man als Eltern jede Kleinigkeit, die ein Kind leistet, lobt, wird es sich irgendwann nicht mehr verstanden fühlen. Manche Handlung war für das Kind möglicherweise nicht lobenswert genug, weil es diese Tätigkeit schon oft ausgeführt hat, oder es war damit selbst nicht zufrieden. In solchen Momenten wird es das Lob nicht mehr als „echt" empfinden und es vielleicht nicht annehmen können. Im schlimmsten Fall wird es sich dadurch weniger ernst genommen fühlen und ein weiteres Lob gegebenenfalls ablehnen.

Ein wunderbares Beispiel hierfür stellt ein gemaltes Bild dar. Als Eltern haben wir oft das Bedürfnis, darauf mit überschwänglichem Lob zu reagieren, viel wertschätzender wäre es jedoch, das gemalte Kunstwerk zusammen mit dem Kind in Ruhe zu betrachten. Ein solcher Moment kann sehr entschleunigend wirken und mündet – je nach Alter des Kindes – nicht selten in einer gemeinsamen Kuschelzeit. Ist ein solcher Moment nicht viel mehr wert als ein schnell dahingesagtes Lob? Entscheide daher genau, wann und wofür Du loben möchtest.

Ich persönlich habe feststellen müssen, dass man bei *einem* Kind diese Entscheidung noch recht leicht fällen kann. Hat man mehrere, wird es schon komplizierter. Habe ich ein Kind, das genau weiß, was es tut und kann, während das zweite mehrfach für die gleiche Tätigkeit Lob einfordert, gilt es, einen individuellen Mittelweg zu finden, um allen gerecht zu werden.

Auf geht's – erkenne die Stärken und Schwächen Deines Kindes

Für viele Eltern ist es eine Herausforderung, die Stärken und Schwächen ihres Kindes richtig zu analysieren. Aber eine noch viel größere Herausforderung stellt es dar, diese auch zu akzeptieren.

Zur Verdeutlichung hier ein kleines Beispiel: Eine Mutter geht seit ihrer Kindheit regelmäßig reiten. Sie hat ihre Tochter schon als Baby mit in den Reitstall genommen. Als das Kind alt genug ist, soll es ebenfalls reiten lernen, aber trotz der frühen Gewöhnung und regelmäßiger Versuche hat das Mädchen Ängste entwickelt und ist nicht dazu zu bewegen, auf einem Pferd zu sitzen, geschweige denn zu reiten. Nun ist es an der Mutter zu akzeptieren, dass sie und ihre Tochter nicht die gleiche Affinität zu Pferden teilen, und ein anderes Hobby für ihr Kind zu finden. Letztlich ist es wichtig, die Stärken Eures Kindes herauszufiltern und zu fördern und es nicht an Eure Stärken anzupassen. Wenn Ihr dabei ein gemeinsames Hobby entdeckt, ist das großartig und Ihr könnt Euch freuen. Aber oftmals sieht die Realität anders aus und dann ist es an Euch als Eltern, sie bedingungslos zu akzeptieren, zum Wohle Eures Kindes.

Du wünschst Dir ein „normales" Kind? Dann beantworte Dir zunächst die Frage, wie Du diesen Begriff definierst. Wenn Du mich fragst, muss „normal" von jedem Menschen individuell interpretiert werden. Was für mich normal ist, ist es für meine Nachbarn noch lange nicht. Was in der Entwicklung des einen Kindes normal ist, stellt sich für das nächste als unmöglich heraus.

Ein Beispiel hierzu: Kind Nummer eins läuft mit knapp 13 Monaten allein und besitzt eine fantastische Körperbeherrschung für sein Alter. Kind Nummer zwei hingegen traut sich sehr lange nicht, ohne Unterstützung aufrecht zu sitzen, und läuft im gleichen Alter nur, wenn es sich an den Möbeln oder einer Hand festhalten kann. Und doch war die Entwicklung beider Kinder normal, individuell gesehen. Vergiss nicht, dass sich jedes Kind in seinem eigenen Tempo entwickelt. Mal ist es schneller, ein anderes Mal ist es langsamer.

Lass Dich auf alles ein, was Dein Kind Dir innerhalb seiner Entwicklung anbietet. Sollte Dir etwas merkwürdig vorkommen, hast Du in den ersten ein bis zwei Jahren nicht nur den Kinderarzt, sondern oft auch Deine Hebamme als Unterstützung an Deiner Seite. Später kannst Du bei Auffälligkeiten mit den Erziehern, Lehrern oder mit Fachleuten aus den Bereichen Gesundheit oder Psychologie zusammenarbeiten, wenn Du allein nicht weiterkommst. Dir stehen viele Möglichkeiten zur Verfügung. Sie bei Bedarf zu nutzen, entlastet Dich und sichert Deinem Kind die bestmöglichen Entwicklungschancen. Ein afrika nisches Sprichwort lautet: „Um ein Kind aufzuziehen, braucht es ein ganzes Dorf." Also lass Dir von Deinem Dorf helfen, wer auch immer dazugehört. Dieser Tipp gilt für alle Altersstufen.
Jede Familie ist anders. Damit stehen jedem Kind andere Grundvoraussetzungen zur Verfügung. Verabschiede Dich von der Vorstellung der Chancengleichheit für alle Menschen. Es gibt sie nicht. Eure familiäre

Basis ist entscheidend für die erzieherische Belastung. Wer dauerhaft in finanziellen Nöten steckt, steht unter einem besonderen Druck, der nicht jederzeit von den Kindern ferngehalten werden kann. Dies gilt auch für andere familiäre Belastungen, wie etwa chronische Krankheiten eines Familienmitgliedes oder zu pflegende Angehörige jeden Alters.

Es ist richtig, dass auch diese Situationen die Stärken und Schwächen eines Kindes zum Vorschein bringen werden. Lebe ihm vor, wie man ein guter, hilfsbereiter und liebevoller Mensch ist. Mehr kannst Du Deinem Kind oder Deinen Kindern in diesen besonderen Situationen nicht mitgeben.

Ganz wichtig ist auch, dass Du zuhörst. Was möchte Dein Kind machen? Was wünscht es sich auszuprobieren? Oder im Umkehrschluss – was möchte es absolut nicht? Höre zu und beobachte. Auf diese Weise kannst Du herausfinden, warum Dein Kind eine bestimmte Entscheidung trifft. Du wirst feststellen, dass sich gerade die Kleinsten je nach Selbstbewusstsein mehr oder weniger zutrauen. Vielleicht sind manche aufgrund ihrer Persönlichkeit weniger risikofreudig und fühlen sich in bekanntem Terrain wohler. Andere Kinder hingegen wechseln ihre Interessen schneller, als Du mithalten kannst. Lass es zu, wenn sie sich ausprobieren möchten. Aber übertreibe es nicht. Gern kannst Du Deinem Kind erklären, dass man bei einer Sportart gut ein Jahr braucht, um wirklich sagen zu können, ob man sich mit damit wohlfühlt oder nicht. Natürlich sollte man die Kleinen bis zum Grundschulalter noch nicht zum Training zwingen. Grundsätzlich sollte bei Sport sowie anderen Hobbys der Spaß im Vordergrund stehen. Aber es sollte eine Kontinuität in den Erfolgen beziehungsweise Fortschritten zu sehen sein. Ist das nicht der Fall, kannst Du Dein Kind aus seinem „Elend" befreien und etwas Neues versuchen lassen. Möchte Dein Kind trotzdem an diesem Hobby festhalten, solltest Du es gewähren lassen. Warum dieser Weg für alle Seiten entspannter ist? Es kann sehr viel Kraft kosten, Dein Kind jede Woche zum Fußballtraining, Tanz- oder Musikunterricht zu chauffieren, wenn es sich dagegen sträubt. Wichtig ist, dass Ihr offen und ehrlich darüber sprecht. Selbstverständlich sind Vorwürfe in beide Richtungen tabu. Nimm es nicht persönlich, wenn Deine Vorschläge, Wünsche oder Träume abgelehnt werden.

Vielleicht entwickelt sich Dein Kind auch zu einem Bücherwurm, denn diese Kinder gibt es auch heute im digitalen Zeitalter noch. Allerdings werden sie immer weniger. Wenn Du Dein Kind zum Lesen motivieren möchtest, solltest Du damit im ersten Lebensjahr anfangen. Bilderbücher anschauen und viel Zeit zum Vorlesen nehmen – nach dem Aufwachen, vor dem Schlafengehen und zwischendurch. Man kann niemals genug lesen. Natürlich könnt Ihr auf einem E-Book-Reader oder dem Smartphone lesen. Allerdings ist es schon ein Erlebnis für sich, ein *echtes* Buch in der Hand zu halten. Das sollte jedes Kind erleben dürfen. Sobald Dein Kind in der Lage ist, selbst Bücher auszuwählen, geh am besten regelmäßig mit ihm in eine Bücherei. Aber stell Dich darauf ein, dass Ihr einige Bücher immer wieder ausleihen werdet. Sie werden Dir förmlich zum Hals heraushängen. Aber *das* ist es wert. Sieh es positiv, jedes Mal, wenn Ihr in der Bücherei seid, kannst Du Dir auch etwas Schönes ausleihen – ein Video, eine Zeitschrift, ein Buch oder eine Musik-CD. Schließlich haben die Büchereien viel zu bieten. Einige nehmen sogar an der Tauschbörse für gentechnikfreies Saatgut teil.

Lass Dich und Dein Kind von Familien aus der Umgebung inspirieren. Wie schaffen sie es, ihr Kind in puncto Hobby bei der Stange zu halten? Belohnungen sollten nicht ausgesprochen werden. Schließlich stehen sie nicht im Fokus, sondern vielmehr die Begeisterung, sich diesem Hobby zu widmen. Wenn möglich, ein Leben lang.

Für Erwachsene ist es nicht immer leicht, allen Anforderungen gerecht zu werden. So kommt es vor, dass sie nicht nur sich selbst zu viele Termine zumuten, auch den Kindern wird oftmals viel zu viel auf die Schultern geladen.

Sicherlich ist es wichtig, die Talente seines Kindes zu fördern. Aber bitte nicht alle auf einmal. Nicht nur viele Eltern sind ehrgeizig, auch die Kinder können durchaus eine gehörige Portion Ehrgeiz besitzen. Diese eigentlich gute Eigenschaft sollte von Dir im Zaum gehalten werden, damit das Kind neben Schule und Hobbys noch Zeit hat, Kind zu sein. Schließlich muss es sich auch in anderen Lebensbereichen entwickeln. So sollten Kinder beispielsweise lernen, dass es im Leben nicht immer nur um Action geht. Denn auch die Ruhe zu genießen, die Seele baumeln zu lassen und in die Wolken zu starren, will gelernt sein. Die Kinder wachsen schnell, entwickeln sich und bilden sich eine eigene Meinung darüber, was sie vom Leben erwarten. Es ist wichtig, dass wir als Eltern vermeiden, dass unsere Kinder zu kleinen Erwachsenen werden und vergessen, wie man Kind ist und es so lange wie möglich bleibt.

Ist ein Kind fünf Jahre alt, will es noch Feuerwehrmann oder Ballerina werden. Mit zehn Jahren haben wir es mit einem Fallschirmspringer oder einer Tierärztin zu tun. Warten wir noch ein paar Jahre, stehen wir vor einem Kind, das einen hohen Managerposten haben oder eine gute Wissenschaftlerin werden möchte. Und doch gilt – alles zu seiner Zeit. Geben wir den Kindern den Freiraum, den sie brauchen, um sich im eigenen Tempo mit Spaß und Freude entwickeln zu können.

Wir Eltern wissen nur zu gut, dass die Balance zwischen Aktivität und Entspannung nicht immer leicht gelingt. Doch ist sie notwendig, wenn Du die Stärken und Schwächen Deines Kindes herausfinden möchtest.

Vielleicht wirst Du erkennen, dass Dein Kind als Schwäche eine gewisse innere Unruhe aufweist und sich deshalb ständig bewegen beziehungsweise in Aktion sein möchte. Aber auch diese Schwäche lässt sich mit der nötigen Geduld in eine Stärke verwandeln. Wenn Dein Kind einen großen Bewegungsdrang hat, ist es möglicherweise sehr gut in einem Sportverein aufgehoben. Vielleicht wird es auch mal ausgesprochen gut klettern oder Ball spielen können. Testet gemeinsam aus, was passt und womit sich Dein Kind wohlfühlt, und wenn Ihr diesen Schritt geschafft habt, werdet Ihr vermutlich feststellen, dass die Konzentration in ruhigeren Momenten viel besser gelingt.

Es ist nicht einfach, in diesem Punkt neutral zu sein. Das muss uns bei der Beobachtung unserer Kinder immer bewusst sein. Natürlich sind sie ein Teil von Dir, aber auch ein Teil Deines Partners oder Deiner Partnerin und – auf keinen Fall vergessen, bitte – ein Teil Eurer Umwelt. Damit besitzt jedes Kind ganz individuelle Voraussetzungen, um seinen Platz im Leben zu finden. Unsere Aufgabe ist es nicht, den Weg für unsere Kinder zu ebnen, denn wir sind lediglich ihre Begleiter. Die Herausforderungen, die das Leben an uns stellt, muss jeder von uns selbst lösen. Hilfestellungen, die wir unseren Kindern anbieten, indem wir eingreifen, ihnen Entscheidungen abnehmen oder einen Weg drum herum anbieten, sind nur kurzweilig von Erfolg gekrönt.

Die Autonomie eines Kindes wächst mit seinem Alter. Einem Kleinkind wird man noch viel, bisweilen sogar alles, abnehmen. Aber je älter unsere Kinder werden, desto mehr werden wir lernen müssen, uns ein Stück zurückzuziehen – und dieser Schritt ist vielleicht der schwerste. Nicht alles wird gelingen und Du wirst es *ertragen* müssen, wenn Dein Kind scheitert oder sich nicht so bewährt, wie Du es gern gesehen hättest. Denke immer daran, Du bist nicht allein für den erfolgreichen Lebensweg Deines Kindes verantwortlich und diese Erkenntnis macht das Elternsein vielleicht schon ein wenig leichter, meinst du nicht auch?

Was braucht das Kind noch in seiner individuellen Entwicklung?

Als Eltern sollte Eurer Aufmerksamkeit nicht entgehen, in welche Richtung sich Euer Kind entwickelt. Nur auf diese Weise könnt Ihr feststellen, welches Maß an Bewegung und intellektueller Beschäftigung Ihr benötigt, um den Drang Eures Kindes nach Erforschen, Entdecken und danach, sich selbst auszuprobieren, optimal zu stillen. Zudem ist es sinnvoll, darauf zu achten, ob Euer Kind am besten durch visuelle, akustische oder haptische Reize motiviert werden kann. Hast Du diesen persönlichen Code geknackt, kannst Du einen neuen Plan für Aktivitäten zusammenstellen. Die meisten Kinder besitzen einen kombinierten Reizcode, sodass Dir viele Optionen für eine adäquate Beschäftigung zur Verfügung stehen. Das schafft Dir einen gewissen Puffer, den Du auf jeden Fall ausnutzen solltest.

In jedem Alter werden Kinder danach streben, ein größtmögliches Maß an Eigenständigkeit und Unabhängigkeit zu erreichen. Versuche, es Deinem Kind zu ermöglichen, damit es den nächsten Entwicklungsschritt machen kann. Dazu gehört Mut, denn Du musst es so oft wie möglich gewähren lassen. Natürlich nicht, ohne es zu beaufsichtigen. Hin und wieder solltest Du im Verborgenen bleiben, damit Dein Kind denkt, es könnte ungestört ausprobieren, was es sich gerade vorgenommen hat. Mitunter wirst Du Dich zusammenreißen müssen, damit Du nicht eingreifst. Doch wirst Du auf diese Weise auch oft die fantastischen Fähigkeiten Deines Kindes erleben dürfen. Fähigkeiten, von denen Du noch nichts wusstest. Diese Momente sind die übrige Aufregung auf jeden Fall wert. Denke immer an Deine Flexibilität hinsichtlich des Erziehungsplanes. Manchmal lass ihn einfach ruhen.

Zwischen Meinungsfreiheit und Familienfrieden - Wenn Deine Kinder mitbestimmen wollen

Vielleicht ist es zu früh, diesen Abschnitt einzufügen. Aber ich finde, man kann Dir nicht früh genug mitteilen, dass Kinder, die sich in jungen Jahren als unkompliziert darstellen, in der Pubertät zu wahren Monstern mutieren können. Andauernd wirst Du diskutieren, aber auch zuhören, denn die Probleme werden nur anders, nicht weniger, im Gegenteil.

In der heutigen Zeit, in der sich der Status quo so fürchterlich schnell ändern kann, ist es nicht einfach, mit den jungen Leuten mitzuhalten. Wenn Du bis zu diesem Zeitpunkt gedacht hast, dass Du Dich gut schlägst, wirst Du überrascht sein, dass Dein Kind auch anders kann. Stell Dir vor, dass Du mit einem Mal einen Klimakleber oder einen Sympathisanten der Antifa am Tisch sitzen hast. Diese Beispiele sind vielleicht überzogen. Aber Du wirst feststellen, dass die neue Generation vieles tatsächlich anders sieht, als wir es von unseren Eltern gelernt und übernommen haben.

Jede Generation ist anders und bringt ihre eigenen Vorstellungen vom Leben mit. Im Grunde genommen ist das gut so, es kann neben den Vorteilen aber auch zu Nachteilen führen und zu Hause nicht selten ausufernde Diskussionen auslösen. So manche Situation wird Dich vermutlich an den Rand der Verzweiflung bringen und vielleicht wirst Du sogar an dem Verstand Deines Kindes zweifeln.

Die gute Nachricht ist, diese Phase gehört zum Erwachsenwerden dazu. Bei manchen ist sie nur von kurzer Dauer, andere scheinen sie gar nicht mehr verlassen zu wollen, doch letztlich endet sie bei jedem irgendwann. Zu den „Überlebensstrategien", die Du nutzen kannst, um auch diese Phase Deines Kindes zu überstehen, kommen wir in einem späteren Kapitel.

Was viele Eltern zudem vergessen, ist die sogenannte präpubertäre Phase, die Vorpubertät, die sich in zwei Stufen unterteilen lässt. Die erste beginnt bereits im Alter zwischen sieben und acht Jahren und geht bis ungefähr zehn Jahre. Zwischen dem zehnten und elften Lebensjahr erreichen die Kinder die zweite Phase, die bis etwa zwölf beziehungsweise 13 Jahre geht. Danach schließt die eigentliche Pubertät an. Aber auch in der Vorpubertät kommt es bereits zu leichten hormonellen Veränderungen, die zum Beispiel ein schnelleres Wachstum oder die Entwicklung von geistiger Reife begünstigen. In diesem Alter benehmen sich die Kinder wie die berühmte Axt im Wald, stellen alles und jeden infrage und beginnen mit der Rebellion gegen die Eltern und vielleicht auch schon gegen Lehrer oder Trainer. Diese Rebellion nimmt in der späteren Pubertät, die mit ungefähr 13 beginnt, noch einmal deutlich Fahrt auf. Die einen hören viel zu laute, „fürchterliche" Musik. Die anderen diskutieren, wo es gar nichts zum Diskutieren gibt.

Lass Dich überraschen, was sich Dein Kind einfallen lassen wird, und lass Dich zudem nicht ins Bockshorn jagen. Dein Teenager ist nicht von seinem Dasein erlöst, nur weil er sich vielleicht mal einige Tage wie ein vernünftiger, normaler Mensch verhält. Vermutlich fällt ihm bloß nichts ein, was er aus dem Hut zaubern könnte, um die Welt zu verändern oder zu retten.

Natürlich gibt es auch diese Kinder, die in jedem Alter zuckersüß und gehorsam sind. Aber wie heißt es so schön? Wenn Erziehung (zu) leicht ist, läuft meist etwas falsch. Oft werden diese Kinder später zu schwierigen Erwachsenen. Aber dann bist Du nicht mehr in der Verantwortung. In diesem Alter müssen sie für sich selbst einstehen. Worüber würdest Du Dich mehr freuen – über den schwierigen oder den zuckersüßen Teenager?

EMOTIONALE INTELLIGENZ UND KOMMUNIKATION

Gefühlsnavigator: emotionale Intelligenz als Kompass im Alltag

Der Begriff „Emotionale Intelligenz", auch EQ genannt, wird immer wieder gern im Erziehungskontext erwähnt. Hier eine kleine Definition des Scheelen Instituts: „Der EQ misst Ihre Fähigkeit, Ihre eigenen Emotionen und die anderer wahrzunehmen, zu verstehen und diese gezielt einzusetzen."

SCHEELEN Institut Österreich. (n.d.). Emotionale Intelligenz. Abgerufen am 18. Mai 2024, von https://www.scheelen-institut.at

Betrachtet man diese Definition, so erkennt man, dass ein hoher EQ für den sozialen Umgang miteinander sehr hilfreich ist. Denn je besser dieser entwickelt ist, desto mehr Empathie können wir anderen Menschen entgegenbringen und zudem unsere eigenen Emotionen der jeweiligen Situation angepasst regulieren.

Bisher ist zwar noch nicht hinreichend geklärt, inwieweit sich der EQ trainieren lässt und zu wie viel Prozent er möglicherweise angeboren ist, dennoch ist klar, dass ein positives Umfeld in jungen Jahren das Urvertrauen stärkt, welches letztlich zumindest in Teilen den EQ eines Menschen beeinflusst.

Eltern und andere erwachsene Bezugspersonen sollten Kinder in der Entwicklung ihres EQ daher bestmöglich unterstützen.

Es liegt an uns, unseren Kindern nachhaltige Erlebnisse und Erfahrungen zu bieten, die genau hier ansetzen, während wir sie lenken, beschützen und liebevoll begleiten.

Nun magst Du anführen, dass es kaum eine Situation im Leben gibt, in der keine Gefühle involviert sind. Nicht nur bei Interaktionen mit anderen Kindern und Erwachsenen zeigen sie sich. Bei jedem Spiel, beim Hören von Geschichten, beim Lesen, Fernsehen oder beim Zocken an Konsole, Smartphone oder Tablett ebenso wie bei Aktivitäten jeglicher Art, die wir draußen unternehmen, oder beim Lernen an sich – überall spielen Gefühle wie Glück, Freude, Frustration, Wut, Enttäuschung oder Traurigkeit eine große Rolle.

Wie wir uns fühlen, hängt von unseren Emotionen ab, die sich wiederum auf den Alltag, Erfolge oder Misserfolge und nicht zuletzt auf die eigene Gesundheit auswirken können. Das bedeutet, dass Du einen Weg finden solltest, Deinem Kind zu zeigen, wie es lernen kann, mit seinen Gefühlen kompetent umzugehen. Mit den positiven wie auch den negativen. Dazu muss es sich dieser aber zuerst bewusst werden. Dieser Prozess ist die Basis aller emotional gesteuerten Aktivitäten, denen es im Leben ausgeliefert sein wird. Für Euch als Eltern bedeutet das, Eurem Kind zu vermitteln, dass alle Gefühle erlaubt und wichtig sind und dass es sich auch mit negativen Gefühlen angenommen und zu jeder Zeit sicher fühlen darf.

Ebenso solltet Ihr Euch Eurer eigenen Gefühle bewusst sein und diese Eurem Kind oder Euren Kindern nicht vorenthalten – in kindgerechter Dosis, versteht sich. Nur wer Authentizität vorlebt, kann sie auch seinen Kindern vermitteln.

Förderung der emotionalen Entwicklung Deines Kindes - Urvertrauen als Fundament

Wie bereits erwähnt, bildet das Urvertrauen die wohl wichtigste Grundlage für die Entwicklung eines Kindes. Beim Kind wird dies durch viel Nähe wie Kuscheln, aber auch durch gemeinsames Toben erzeugt. Liebevolle Rituale und Trost spendender Körperkontakt stärken das Urvertrauen ebenso.

In diesem Zusammenhang kommen wir zum Thema Wut. Auch wenn Du Dich noch so sehr bemühst, wird Dein kleiner Engel irgendwann seinen ersten Wutanfall produzieren. Nicht immer verstehen wir den Grund dafür. Doch ist das auch nicht notwendig. Viel wichtiger ist, dass wir das Kind trotz der Wut zu 100 Prozent annehmen. Das bedeutet nicht zwangsläufig, dass Du es in den Arm nehmen sollst, wenn es wütend ist. Aber Du kannst ihm auf andere Weise verdeutlichen, dass es sich auch in dieser Situation auf Dich verlassen kann. Für das Kind ist es wichtig, dass es seine Wut und seinen Frust ausdrücken darf, ohne dafür von Dir be- beziehungsweise verurteilt zu werden. Jeder Mensch reagiert auf seine Umwelt in einer einzigartigen Weise. Wut und Frust sind aber kein Grund, einen geliebten Menschen abzulehnen. Weder möchte das Kind Dich ablehnen, noch soll es sich von Dir abgelehnt fühlen. Nach wie vor ist es Deine Aufgabe und Deine Pflicht, Dich liebend und beschützend an seine Seite zu stellen.

Je nach Alter kann es zudem notwendig sein, dass Du Dich unterstützend hinter Dein Kind stellst, um eventuelle Unstimmigkeiten in der Schule oder im Sportverein aus der Welt zu räumen. Mit zunehmendem Alter kann das herausfordernde Ausmaße annehmen. Wenn Dein Kind aber viel Urvertrauen besitzt, kann es jede Situation mit Dir besprechen und sich damit Deine Unterstützung sichern. Ob man vielleicht anders hätte reagieren können, lässt sich später in einem ruhigen Gespräch zu Hause klären.

Für uns Eltern ist es nicht einfach, die Gefühle des Kindes stets korrekt zu deuten und in einer angemessenen Art und Weise mit ihnen umzugehen. Auch wir können unserem Kind nicht in den Kopf schauen, sodass uns der Grund für einen Gefühlsausbruch oftmals zunächst verborgen bleibt. Ist auf beiden Seiten aber das Urvertrauen vorhanden, kann die Ursache später geklärt werden. Zunächst gilt es, das Eisen aus dem Feuer zu holen. Damit das gelingt, benötigst Du Empathie, die Du im Laufe der Jahre im Hinblick auf Dein Kind immer weiter verfeinern wirst. Sei allerdings darauf gefasst, dass es umgekehrt genauso sein wird.

Natürlich dürfen wir in diesem Zusammenhang die positiven Emotionen nicht vergessen. Auch sie sollten anerkannt werden und Dein Kind sollte schon früh ermutigt werden, sie äußern zu dürfen. Zu hören, dass Dein Kind glücklich und zufrieden ist, gibt auch Dir sicherlich ein positives Gefühl. Dafür brauchst Du nicht einmal einen Grund zu kennen. Seid in solchen Momenten einfach in aller Vertrautheit beide glücklich.

Gewaltfreie Kommunikation und ihre Grenzen - Ein Hype oder ein Muss?

Um diese Frage zu beantworten, ist es notwendig, die Beschreibung für diese Form der Kommunikation zu kennen. Wir sind uns wohl einig, dass man Kindern gegenüber grundsätzlich keine Gewalt einsetzt. Allerdings denken die meisten lediglich an körperliche, tätliche Gewalt. Gern wird vergessen, dass es auch verbale, psychische Gewalt geben kann. Um genau diese zu vermeiden, entstand der Ansatz der Gewaltfreien Kommunikation.

Diese Form der Kommunikation wurde von Marshall B. Rosenberg initiiert. Sie wird auch „Giraffensprache" genannt. Sein Anliegen war es,

Streitgespräche, beleidigende Aussagen sowie Vorwürfe möglichst vollständig von den Kindern fernzuhalten. So hat er einen Weg gefunden, wie sowohl Kinder als auch Erwachsene ihre Gefühle und Anliegen vollkommen klar, deutlich und empathisch ausdrücken können.

Befindet man sich in einer hitzigen Diskussion, kann es passieren, dass man Du-Botschaften verwendet, die häufig mit Vorwürfen einhergehen. Ebenso führt eine aufgeladene Situation schnell zu Verallgemeinerungen wie *nie* oder *immer*. Das Problem an dieser Form der Gesprächsführung ist, dass derjenige, der ihr häufiger ausgesetzt ist – in unserem Fall also das Kind –, unbewusst dazu gebracht wird, die gestellten Vorwürfe zu glauben. Wer seinem Kind gegenüber Sätze verwendet wie „Das kannst Du sowieso nicht", der sollte sich nicht wundern, wenn das Kind in bestimmten Bereichen versagen wird.

Wird auf herkömmliche Weise kommuniziert, so wird das nur zu einer Verschärfung der Situation führen. Damit es gar nicht so weit kommt, sollte man sich auf empathische Weise mit dem Kind verständigen, sodass es sich angenommen und unterstützt fühlt – egal, welchen Standpunkt es gerade vertritt oder was es gesagt hat.

Vermutlich wirst Du jetzt denken, dass Dich dieser Punkt nicht betrifft, weil Du Dich voll und ganz auf Dein Kind einstellst und auf seine Bedürfnisse, Ängste und Emotionen eingehst. Das bezieht auch eine auf Dein Kind abgestimmte Sprache mit ein. Aber bedenke, wir alle sind nicht davor gefeit, unsere guten Vorsätze in einem hitzigen Moment zu vergessen, und wir wissen auch, dass Kinder jeden Alters zu Monstern mutieren können, was unsere Position, die Nerven behalten zu müssen, nicht unbedingt stärkt. Schließlich sind auch wir Eltern nur Menschen. Oftmals bemerken wir überhaupt nicht, dass wir uns passiv-aggressiv verhalten – wohl aber unser Kind.

Haben wir uns zuvor mit der Gewaltfreien Kommunikation beschäftigt und diese verinnerlicht, haben wir gute Chancen, mit Ich-Botschaften und klarer Ausdrucksweise dem Kind auf der gleichen emotionalen Ebene zu begegnen.

Der Aufbau Gewaltfreier Kommunikation – kurz umrissen

Wir haben es mit einer Basis von vier Schritten zu tun:

- **Wahrnehmen und Beobachten:** Dieser erste Schritt beinhaltet eine wertfreie Wiedergabe dessen, was Du wahrgenommen und beobachtet hast. Möchtest Du Deinem Kind etwa mitteilen, dass es in seinem Zimmer ausschaut, als wäre eine Bombe eingeschlagen, wäre die wertfreie Aussage: „Dein Zimmer ist nicht aufgeräumt." (Die bewertende Variante wäre beispielsweise: „Du räumst Dein Zimmer nie auf.")

- **Gefühl:** Wie fühlst Du Dich dabei? Teile das Deinem Kind mit: „Darüber bin ich traurig/wütend/enttäuscht."

- **Bedürfnis:** Durch das Aufgreifen des Gefühls ist es Dir möglich, Dein Bedürfnis hinsichtlich dieser Situation zu erkennen und auszudrücken. „Ich bin traurig darüber, weil ich mir mehr Respekt wünsche."

- **Eine Bitte aussprechen:** Im letzten Schritt ist es an Dir, Deinem Kind gegenüber eine Bitte auszusprechen. Dein Bedürfnis nach mehr Respekt kann entsprechend formuliert werden: „Bitte räume jetzt dein Zimmer auf."

Grundsätzlich ist es jedem Erwachsenen möglich, die Gewaltfreie Kommunikation zu erlernen. Sicherlich ist je nach Veranlagung ein wenig Übung notwendig. Doch wenn Du sie tatsächlich in Dein Leben integrieren möchtest, wirst Du diesen Aufwand sicherlich gern auf Dich nehmen. Kinder übernehmen diese Form der Kommunikation grundsätzlich von ihren Eltern, wenn sie sie ebenfalls konsequent einsetzen. Mit der Gewaltfreien Kommunikation bekommst Du ein Werkzeug an die Hand, mit dem Du die Beziehung zu Deinem Kind vertiefen und verbessern kannst. Eine gute und wertschätzende Verbindung zu Deinem Kind verschafft Dir zudem ein wenig Entspannung. Weißt Du doch genau, dass es *alles* mit Dir besprechen wird, was ihm auf der Seele liegt. Gewaltfreie Kommunikation lässt sich nicht von heute auf morgen erlernen. Gib nicht auf, wenn Du mit dieser Art der Kommunikation beginnst und es nicht immer gelingt.

Alternative Kommunikationswege und Überzeugungsarbeit in der Schule

Wenn Dein Kind bereits in die Schule geht, wirst Du vielleicht dort oder schon durch den Kindergarten mit der Gewaltfreien Kommunikation in Kontakt gekommen sein. Viele Institutionen arbeiten mit ihr. Egal, ob Du selbst diese Methode einsetzt oder nicht, wirst Du feststellen, dass sie auf Dein Kind abfärbt. Das kann dazu führen, dass es sich in dieser Art und Weise an Dich wendet. Gehe darauf ein. Es wird sich positiv auf Eure Kommunikation auswirken.

Allerdings muss auch erwähnt werden, dass die Gewaltfreie Kommunikation ihre Grenzen hat. Jedes Kind, das mit dieser Kommunikationsform aufwächst, wird sie auch in der Schule einsetzen können, sowohl den Lehrern als auch den Mitschülern gegenüber. Das gilt aber nicht für jedes Kind, das neu damit konfrontiert wird. Je nach Persönlichkeit und Umfeld wird es sich eventuell gegen diese Form des Austausches wenden. Insbesondere bei älteren Kindern ist eine entsprechende Tendenz zu verzeichnen. Das ist nicht verwunderlich, wollen Pubertierende doch gern provozieren, alles besser wissen als ihre Umwelt und sich gegen die älteren Mitmenschen aufbäumen. Man darf an dieser Stelle allerdings nicht aus den Augen verlieren, warum sich Heranwachsende so verhalten. Die Veränderungen in ihrem Körper, sowohl hormonell als auch kognitiv, sorgen nicht selten für ein Chaos in ihrer Gefühlswelt, was explosive Handlungen oder für Erwachsene irrational erscheinende Verhaltensweisen zur Folge haben kann. Zudem stellen Jugendliche aufgrund ihrer geistigen Entwicklung vieles infrage, wollen sich abnabeln, stark wirken und die Anerkennung Gleichaltriger suchen sowie nicht zuletzt ihre Grenzen ausloten und neu stecken. Haben Pubertierende bis zu diesem Zeitpunkt noch keinen Kontakt zur Gewaltfreien Kommunikation gehabt, werden die Lehrer eventuell auf starke Gegenwehr stoßen. Nicht jedes ältere Kind möchte auf diese Weise kommunizieren. Grundsätzlich sollte das akzeptiert werden. Jedoch sehen sich Lehrer mitunter dazu berufen, die Kinder diesbezüglich zu missionieren. An diesem Punkt kommst Du ins Spiel, denn Du wirst bei Aufsässigkeit oder anderen Respektlosigkeiten in der Schule garantiert einbestellt werden, um die Situation zu besprechen und positiv auf Dein Kind einzuwirken. Ich rate dir, dass Du in diesem Fall Entspannungsübungen machst, bevor Du den Lehrern gegenübertrittst. Lehrer verstehen nicht immer, warum Jugendliche sich von ihrer Umwelt abgrenzen wollen oder ganz einfach einen anderen Weg als ihre Lehrkräfte gehen möchten. Ihnen klarzumachen, dass Dein Kind – dass Ihr – einen anderen Kommunikationsweg gewählt habt, kann für Dich eine schwierige Aufgabe werden. Mache Dich darauf gefasst, dass Lehrer von den Methoden, die sie selbst verwenden, absolut überzeugt sind. Nicht immer ist Platz für andere akzeptable Kommunikationsmethoden vorhanden. Lasst Euch davon nicht beirren. Nur weil die Gewaltfreie Kommunikation für Euch vielleicht nicht die Methode der Wahl ist, bedeutet das nicht, dass Ihr deshalb einen schlechteren Weg eingeschlagen habt. Jetzt gilt es nur noch, die Lehrer davon zu überzeugen.

Jeder Mensch braucht Grenzen

Vermutlich werden sich diverse Leser an dieser Stelle ertappt fühlen. Denn viele von uns waren sich am Anfang des Erziehungsabenteuers vollkommen sicher, dass es für sie kein Problem darstellen würde, ihrem Kind die notwendigen Grenzen zu setzen. Doch ist das wie eine Trockenübung beim Schwimmenlernen. Solange man sich nicht im Wasser befindet, ist es überhaupt kein Problem, die Übungen zu absolvieren. Sobald der Boden unter den Füßen nicht mehr vorhanden ist und man sich im Wasser vorwärts bewegen muss, klappt alles nur noch suboptimal. So oder ähnlich könnte es Dir auch beim Setzen der Grenzen gehen. Bei den Trockenübungen sieht wie alles einfach aus. In der Realität stehen wir jedoch einem Kind gegenüber, das nicht zwangsläufig mit unserer Entscheidung einverstanden ist. Das kann Geschrei, Weinen oder bei älteren Kindern eine endlose Diskussion und Türenknallen nach sich ziehen. Du wirst schnell herausfinden, ob es sich lohnt, sich dieser Gegenwehr zu stellen. Nicht immer wirst Du in der guten Verfassung sein, das an Dir abprallen zu lassen. Sicherlich bist Du Dir bewusst, dass die Grenze nur zum Besten Deines Kindes gesetzt wird. Dein Kind aber muss das erst verstehen lernen.

Grenzen werden in jedem Alter benötigt. Sogar dem sechzehnjährigen Jugendlichen musst Du eventuell neue setzen. Glücklicherweise kannst Du mit ihm darüber diskutieren, ihm die Situation darstellen und die Grenze begründen. Ob er die Notwendigkeit einsieht, ist individuell bedingt. Bei jüngeren Kindern hingegen kann es herausfordernd sein, neue Grenzen aufzuzeigen.

Vielleicht hast Du das Gefühl, dass zu viele Grenzen die Entwicklung Deines Kindes einschränken. Selbstverständlich liegt es in Deinem Ermessen, wie viele Du Deinem Kind in den unterschiedlichen Lebensbereichen auferlegen möchtest. Beachte bei dieser Entscheidung aber bitte, dass es einige ungeschriebene Grenzen und Gesetze im zwischenmenschlichen Bereich und in der Gesellschaft gibt, denen kaum jemand entkommen kann. Manche von ihnen kann man möglicherweise umgehen, aber Du kannst Dir sicher sein, dass Du Dich mit anderen Problemen auseinandersetzen musst, wenn Dein Kind zu viele dieser ungeschriebenen Grenzen und gesellschaftlichen Regeln überschreitet. Sicherlich ist es für Dich am entspanntesten, wenn Du Dich in einer ruhigen Minute hinsetzt und über diese Thematik genauer nachdenkst. Welche Entscheidung Du auch treffen wirst, sie sollte einerseits Deinem Erziehungsplan entsprechen und andererseits unnötige Reibereien mit Eurem Umfeld vermeiden. Wenn Du Deinem Kind das Ergebnis mitteilst, solltest Du unbedingt einige Formulierungen vermeiden:

- **„Das macht man nicht.“** Dein Kind wird mit Recht nicht verstehen, wer *man* ist und warum es deshalb bestimmte Dinge nicht tun darf. Versuche, Dein Argument anders zu formulieren, sodass die Aussage klar verständlich wird.

  Dazu ein Beispiel: Ein kleiner Junge nimmt beim Einkauf immer wieder Lebensmittel aus den Regalen und stellt diese an einem anderen Ort ab. Hier könnte die Mutter sagen: „Ich möchte nicht, dass du den Joghurt (o. Ä.) aus dem Regal holst. Wenn er woanders steht, können ihn andere Kunden nicht mehr finden und kaufen.“ Natürlich könnte man es auch anders erklären. Wichtig ist einfach, dass das Kind versteht, warum es eine bestimmte Handlung nicht ausführen darf und was sie für Folgen haben könnte (kindgerecht natürlich).

- **„Ich will nicht, dass Du das machst.“** Auch hier besteht Bedarf, Dich klarer auszudrücken. Warum willst Du es nicht? Schau Dir das Beispiel oben noch einmal an. Nur wenn Dein Kind Deine Formulierung eindeutig versteht und sie auch umzusetzen gewillt ist, ist es Dir möglich, die kommenden Ereignisse entspannt abzuwarten.

- **„Immer wieder machst Du …"** Es ist wichtig, Dein Kind darauf hinzuweisen, dass es gewisse Dinge nicht wiederholen sollte. Aber diese Formulierung ist nicht wertschätzend und kann als verletzend wahrgenommen werden. Außerdem wird Dein Kind bei häufigem Gebrauch dieser Formulierung mit der Zeit abstumpfen und in solchen Momenten nicht mehr zuhören, um sich nicht erneut verletzen zu lassen. Mit dieser Formulierung festigst Du die Verhaltensweise daher eher, als dass Du sie verhindern wirst. Besser wäre es auch hier, mit Ich-Botschaften zu arbeiten.
Beispiel: „Ich finde es schade / ich bin traurig darüber, dass du in letzter Zeit …"

- **„Ich kann mich nicht auf Dich verlassen."** Auch wenn die Aussage korrekt ist, wäre es besser, sie positiver zu formulieren. Schließlich möchtest Du das Vertrauensverhältnis zwischen Euch nicht zerstören. Hier kommt es auf die Situation an. Warum hattest Du in diesem Moment das Gefühl, Dich nicht auf Dein Kind verlassen zu können? Ist es vielleicht zur abgesprochenen Zeit nicht nach Hause gekommen? Dann könnte man wunderbar damit argumentieren, dass man sich Sorgen gemacht hat, denn es könnte ihm ja auch etwas passiert sein. Diese Gedankengänge wird Dein Kind nachvollziehen können und zugleich wird es sich wertgeschätzt und geliebt fühlen. Seine Bereitschaft zur Reflexion steigt und somit Deine Chancen, dass eine solche Situation beim nächsten Mal anders läuft.

- **„Lass das!"** Drück Dich genauer aus und formuliere auch hier wertschätzender. Mit diesen zwei Worten sorgst Du nur für noch mehr Verwirrung und zwischenmenschlichen Stress. Beispiel: „Bitte drehe deine Musik leiser. Wenn sie so laut ist, bekomme ich Kopfschmerzen."

Wie Du siehst, läuft es letztlich immer auf ähnliche Formulierungen hinaus. Achte auf eine wertschätzende Ausdrucksweise, verwende Ich-Botschaften und erkläre, warum ein bestimmtes Verhalten in der jeweiligen Situation angemessener wäre.

Sicherlich bist Du Dir bewusst, dass Deine Ausdrucksweise ein sehr wichtiges Instrument ist, doch kennst Du auch Dein eigenes Temperament. Gerade wenn Dein kleines oder großes Monster über die Stränge schlägt, ist es nicht einfach, sich selbst zu kontrollieren. Schnell wird etwas gesagt, das Ihr später beide bereut. Was ist Dir also lieber und was ist für Dich entspannter? Eine hitzige Debatte mit anschließender Entschuldigung für alles, was Ihr Euch im Eifer des Gefechts an den Kopf geworfen habt, oder ein ruhiges Gespräch mit einer klaren, unmissverständlichen Ausdrucksweise, in dem die Situation geklärt werden kann?

Wenn die Grenzen nicht eingehalten werden

Kinder jeden Alters wollen herausfinden, was sich jenseits der von den Erwachsenen aufgestellten Regeln befindet. Das ist vollkommen normal. Daher ist es auch nicht bei jeder Grenzüberschreitung notwendig, das Kind zu maßregeln. Atme einmal kurz durch und überlege, welchen Schweregrad Du der Grenzüberschreitung auf einer Skala von eins bis zehn geben würdest. Dabei ist *zehn* die schwerste und *eins* die lapidarste Überschreitung. Entsprechend dieser Einstufung sollte auch Deine Reaktion ausfallen.

Ein weiterer Punkt hinsichtlich Deiner Reaktion ist die Tagesform Deines Kindes, aber auch Deine eigene. Oftmals vergessen wir Erwachsenen, dass Kinder vollständige Menschen mit dem vollständigen Emotionspotenzial sind. Warum also könnte Dein Kind den Schritt über die Grenze begangen haben? Bevor Du eventuell ein Urteil fällst, solltest Du Dein Kind genau unter die Lupe nehmen und Deine Beobachtungen des Tages oder der vorherigen Tage einbeziehen. Kannst Du die Emotionen Deines Kindes klar deuten? Ist es traurig, wütend, frustriert? Hast Du den Eindruck, es ist einsam oder bräuchte ein wenig Rückzug? Natürlich kann man diesbezüglich auch mal danebenliegen. Aber mit der Zeit und damit fortwährender Übung wirst Du beim Einschätzen einer solchen Situation besser werden und die entsprechenden Entscheidungen schneller fällen können. Für Euch entstehen weniger Konflikte, aber auch mehr Vertrauen. Unentspannte Eltern, die andauernd meckern oder bevorzugt das Wort Nein verwenden, kreieren ein entsprechendes Verhältnis zu ihrem Kind.

Hier ein paar Beispiele, um den für Dich richtigen Ansatz zu finden:

- Die kleinen Kinder spielen zusammen und mit einem Mal fängt Deines an, die Spielsachen der anderen Kinder zu horten und für sich allein zu beanspruchen. Keine Frage – Du kannst nicht zulassen, dass Dein Kind derart agiert. Gebt die fremden Spielsachen zusammen zurück. Entweder direkt im Anschluss, spätestens aber zu Hause ist es notwendig, dass Du noch einmal mit Deinem Kind sprichst, warum es das Spielzeug anderer Kinder nicht „beschlagnahmen" kann. Frage Dein Kind, wie es sich gefühlt hätte, wenn ein anderes Kind *sein* Spielzeug weggenommen hätte. Ein solcher Perspektivwechsel kann in vielen Momenten hilfreich sein und verdeutlicht Deinem Kind auf verständliche Weise das Problem. Zudem hilft es ihm zu lernen, sich in andere hineinzuversetzen, was wiederum gut für seinen EQ ist. Vielleicht musst Du dieses Gespräch mehrfach wiederholen, bis Dein Kind diese Grenze akzeptiert, doch es ist notwendig, damit es die Besitztümer anderer Menschen zu respektieren lernt.

- Das zehnjährige Kind kommt wiederholt zu spät nach Hause, wenn es bei Freunden zum Spielen gewesen ist. Je nachdem, um welchen

Zeitraum es sich handelt, kann man in dieser Situation zwar den erhobenen Zeigefinger einsetzen, kommt es aber regelmäßig vor und verlängern sich die Zeiträume, ist ein ernsthaftes Gespräch notwendig. Viele Kinder fühlen sich in diesem Alter bereits „groß" und versuchen deshalb, ihren privaten Spielraum zu erweitern. Allerdings ist es aufgrund der Tagesroutine sinnvoll, wenn die vorgegebenen Zeiten eingehalten werden. Wie bereits beschrieben, ist es wichtig, Dein Kind mit einzubeziehen, anstatt ihm nur zu sagen, dass es pünktlich sein soll. Erkläre ihm die Gründe, ohne es vorschnell zu maßregeln. Sprich aber auch mit den Eltern der Freunde Deines Kindes. Vielleicht lassen sie sich einspannen, damit sie Dein Kind rechtzeitig zu Dir nach Hause schicken. Damit werden sie zwar zu den „uncoolen" Eltern, doch kann auf diese Weise die Tagesroutine beider Kinder aufrechterhalten werden. Eine Win-win-Situation.

- In der heutigen Zeit haben wir es nicht selten mit übermäßigem Medienkonsum wie Computerspielen, Konsolen, TV und Ähnlichem zu tun. Es ist notwendig, dass Du konkrete Grenzen hinsichtlich der täglichen Nutzungsdauer setzt. Dein Kind wird das vielleicht nicht einsehen, aber später wird es Dir dafür sicherlich danken. Natürlich wird es hin und wieder versuchen, Dich auszutricksen und länger als vereinbart am Smartphone sein. Wenn es nicht mit sich reden lassen will, gibt es eine einfache Lösung: Smartphone, Fernbedienung oder Controller werden zu bestimmten Zeiten abgegeben. Sollte Dein Kind darüber diskutieren wollen, bleiben die Geräte noch länger unter Verschluss. Das klingt vielleicht übergriffig, aber Du darfst niemals vergessen, dass Du für Dein Kind verantwortlich bist. Lass Dich also nicht auf Diskussionen ein und bleibe standhaft.

Hierzu eine kleine Übersicht verschiedener Quellen, zur Orientierung.

Bildschirmzeit für Kinder und Jugendliche

Empfehlungen

Alter	Bilderbücher / Bücher	Hörmedien (Musik, Hörbücher)	Bildschirmmedien (TV, Video, Computer, Spielkonsolen, Tablet, Smartphone)
Unter 3 Jahre	Regelmäßig anschauen und vorlesen (ab etwa 6 Monate)	Höchstens 30 Minuten	Am besten gar nicht
3 – 6 Jahre	Regelmäßig anschauen und vorlesen	Höchstens 45 Minuten	Zusammen höchstens 30 Minuten
6 – 10 Jahre	Regelmäßig vorlesen / lesen	Höchstens 60 Minuten	Zusammen höchstens 45 - 60 Minuten
10 – 12 Jahre	Regelmäßig vorlesen / lesen	Höchstens 75 Minuten	Höchstens 60 - 75 Minuten
Ab 12 Jahre			Freizeitbildschirmzeit nicht mehr als 1 - 2 Stunden pro Tag

Quellen:
Kindergesundheit-info.de. (2024, Januar 18). Wie oft und wie lange dürfen Kinder Medien nutzen? Abgerufen von https://www.kindergesundheit-info.de

Kita.de. (n.a.). Medienkonsum bei Kindern: Empfehlungen nach Alter und mögliche Folgen. Abgerufen von https://www.kita.de

Projuventute.ch. (n.a.). Medienkonsum bei Kindern: Empfehlungen und Tipps. Abgerufen von https://www.projuventute.ch

Utopia.de. (n.a.). Bildschirmzeit für Kinder und Jugendliche: Was raten Expert:innen? Abgerufen von https://www.utopia.de

50

- Der sechzehnjährige Jugendliche betrinkt sich auf einer Feier mit Freunden, obwohl Du ganz klar den Alkohol nur in geringen Mengen (ein Bier oder ein Glas Sekt) erlaubt hast. Natürlich kannst Du Deinem Kind eine Szene machen und das Vertrauensverhältnis zwischen Euch strapazieren. Du kannst ihm aber mit seinem Kater auch einfach ruhig zur Seite stehen und ein klärendes Gespräch auf später verschieben. Danach bleibt Dir nur zu hoffen, dass er das eigentliche Problem mit dem Alkohol verstanden hat und ab sofort lediglich kleine Mengen davon zu sich nimmt. Die Alternative wäre, ihn nicht zu den nächsten Partys seiner Freunde gehen zu lassen. Ob er dadurch aber zukünftig weniger trinken würde, ist fraglich.

- Das Thema Mobbing ist in aller Munde. Man hört, dass es an vielen Schulen und in Vereinen an der Tagesordnung ist, dass ein oder mehrere Kinder gemobbt werden. Gehört Dein Kind zu denjenigen, ist zu hoffen, dass es sich vertrauensvoll an Dich wenden und Dir alles erzählen wird. Neben dem Trösten ist es Deine Aufgabe, die verantwortlichen Lehrer, Erzieher oder Trainer einzuweihen und mit dem mobbenden Kind sowie seinen Eltern ein Gespräch zu führen. Es kann aber auch andersherum sein. Niemand ist darauf vorbereitet, dass man darauf aufmerksam gemacht wird, dass das eigene Kind jenes ist, das die anderen mobbt. Bevor Du anfängst, Dich selbst dafür verantwortlich zu machen und grübelst, wie es dazu kommen konnte, ist es wichtig – genau wie im umgekehrten Fall –, alle Beteiligten für das notwendige Gespräch an einen Tisch zu bekommen. Zusätzlich ist es unerlässlich, ein Einzelgespräch mit Deinem Kind zu führen. Was hat dazu geführt, dass es denkt, dass es okay sei, anderen Leid zuzufügen? Es ist durchaus möglich, dass Du zunächst erfolglos bleibst, weil sich Dein Kind nicht öffnen möchte. In diesem Fall ist es sinnvoll, sich bei einem Vertrauens- lehrer, einem Sozialarbeiter oder einem Psychologen Unterstützung zu holen. Manchmal ist es für ein Kind leichter, sich einem Fremden anzuvertrauen, weil es beispielsweise die Verbindung zwischen sich und den Eltern nicht belasten möchte. Versuch nicht, die Situation allein zu lösen. Wenn Dein Kind diese Grenze überschritten hat, muss ein Grund vorliegen. Damit Ihr zu einer Lösung kommen könnt, ist es mehr als legitim, wenn Du Dir wie erwähnt Unterstützung suchst. Das entlastet sowohl Dein Kind als auch Dich. Aber bedenke, eine schnelle Lösung ist nicht immer möglich. Umso wichtiger ist es, dass Ihr beide, Dein Kind und Du, zusammenhaltet und gemeinsam versucht, diese Grenze wieder aufzurichten, damit Ihr Euch auf der richtigen Seite aufhalten könnt.

• Mobbing ist leider in jedem Kindes- und Jugendalter möglich. Bereits im Kindergarten kannst Du über diese Problematik stolpern. Je älter die Kinder werden, desto ausgeprägter kann es sich zeigen. Doch sollten auch jüngere Kinder nicht unterschätzt werden. Bereits in der Grundschule ist es ein ernst zu nehmendes Problem, über das Du offen mit Deinem Kind sprechen solltest. Je aufmerksamer es in Bezug auf ein eventuelles Mobbing ist, desto besser kann es nicht nur den entsprechenden Kindern ausweichen, es kann eventuell auch anderen Kindern aus dieser Situation heraushelfen.

Natürlich ist Deine Reaktion sehr davon abhängig, wie Du erzogen worden bist und welche Grundsätze Du Dir für die Erziehung Deines Kindes gesetzt hast.
Im Folgenden habe ich die unterschiedlichen Erziehungstypen aufgelistet. Natürlich ist es nicht möglich, alle Eltern lückenlos dieser Gruppierungen zuzuordnen. Manche liegen irgendwo dazwischen. Wie ist es bei Dir, wo findest Du Dich wieder?

- Der Freigeist: Es gibt Eltern, die von Anfang an alles mit ihren Kindern besprechen. Sie erklären die kleinsten Zusammenhänge mal mehr, mal weniger kindgerecht. Aber sie fühlen sich damit wohl, denn sie gehen davon aus, dass das Kind es schon verstehen wird. Mit Grenzen wird ebenso verfahren. Erst wird erklärt, warum sie gesetzt wurden, kommt es zu einem Übertritt, wird wieder erklärt. Nicht selten lassen diese Eltern ihre Kinder auch kontrolliert Zigaretten, Alkohol oder andere Suchtmittel ausprobieren. Sie begründen es, indem sie sagen, sie überwachen ihr Kind dabei, und wenn sie es verbieten würden, würde es bei Bedarf heimlich seine eigenen Versuche unternehmen. Für diese Eltern ist das eine recht entspannte Haltung, denn sie gestehen dem Kind in jedem Alter eigene Erfahrungen zu, begleiten aber beobachtend, unterstützend und mit helfender Hand, um bei Bedarf sofort da zu sein.

- Die autoritären Eltern: Sie wollen die Kontrolle über ihr Kind haben und behalten. Die Grenzen sind schnell gesetzt, je nach Thema mal weiter oder enger. Ein Übertreten gleicht einem Kontrollverlust, der absolut inakzeptabel ist. Entsprechend streng werden die Folgen ausfallen. Leider geht es hier oft weniger um das Wohl des Kindes als um das Halten des Status quo: „Du bist *mein* Kind und deshalb darf ich bestimmen, was geht und was nicht!" Auf den ersten Blick scheint auch diese Variante für die Eltern entspannt zu sein, da sich das Kind darauf einstellen und an den Regeln orientieren kann. Allerdings sind Spannungen vorprogrammiert, weil Kinder nun einmal nicht immer genau so funktionieren, wie Eltern es sich wünschen. Somit führt diese Form der Grenzsetzung entweder zu einer starken Anspannung beider Parteien oder aber zu Heimlichkeiten des Kindes, die vielleicht irgendwann ans Licht kommen und zu weiteren Stresssituationen führen. Auch eine Form der Unterdrückung des Kindes ist denkbar. Kein schönes Szenario. Hinzu kommt, dass diese Erziehung so prägend sein kann, dass sich bei den betroffenen Kindern im Laufe der Zeit Ängste manifestieren, die sich nicht mehr ohne Weiteres abbauen lassen. Die daraus resultierenden Folgen können bis ins Erwachsenenalter spürbar sein.

- Das antiautoritäre Szenario: Ein mögliches Motto würde hier wohl lauten: „Mein Kind darf in die Windeln machen, so lange es will." In solchen Familien sind Grenzen nur minimal bis gar nicht vorhanden. Eltern, die sich in diesem Kreis wiederfinden, sind der Ansicht, dass das Kind die Welt und das dazu notwendige Verständnis eigenständig erlernen muss. Auch die Konsequenzen, die dadurch entstehen, muss es selbst erfahren. Eine Unterstützung sowie das gemeinsame Tragen der Folgen einer Tat sind eher nicht angedacht. Auch diese Eltern diskutieren mit ihren Kindern. Nicht immer lässt sich auf diese Weise ein gutes Vertrauensverhältnis aufstellen. Oft geschieht es, dass Kinder einer solchen Erziehungsmethode ihre Eltern unbewusst nicht respektieren oder akzeptieren können, weil sie keine Grenzen setzen. Für die Eltern ist es eine recht entspannte Haltung. Sie können stets sagen: „Mein liebes Kind, du hast es so gewollt."

- Unterstützende, begleitende Eltern in einem ausgeglichenen Umfeld: Sie sind da, wenn das Kind eine helfende Hand braucht. Sie gehören zu den Eltern, denen sich nicht nur die eigenen Kinder, sondern auch deren Freunde gern anvertrauen. Kommt es zu einer prekären Situation, sind sie es, die angerufen werden, weil sie den Grenzübertritt zwar nicht zwingend gutheißen, trotzdem alle Beteiligten – eigene Kinder wie auch Freunde – aus der Situation herausholen, mit allen dafür notwendigen Mitteln. Eine spätere Aufarbeitung und Besprechung sind natürlich nicht vom Tisch. Aber zunächst wird das Feuer bekämpft, bevor es zu den „Aufräumarbeiten" kommt. Diese Eltern können darauf vertrauen, dass ihr Kind wie auch seine Freunde keine unnötigen Experimente machen, sondern sich vertrauensvoll an (die meisten) Regeln und Grenzen halten werden. Sie wissen, dass sie einen Grund haben. Und genau deshalb sind diese Eltern auch so tiefenentspannt.

- Erziehung in einer multikulturellen Familie: Wir alle wissen, dass es in den Familien, die einem anderen Kulturkreis angehören, auch andere Regeln oder Grenzen gibt. Haben wir viel mit diesen Familien zu tun, werden wir deren Spielregeln auch früher oder später kennen- und verstehen lernen. Ist dies aber nicht der Fall, kann es vorkommen, dass sie uns widersinnig erscheinen. Je nach betroffenem Lebensbereich sollte man eine angemessene Offenheit an den Tag legen. Denn eines ist klar: Wir leben in einem Land zusammen, was bedeutet, dass nicht alle Traditionen, die eine Familie aus der Heimat mitbringt, auch umgesetzt werden können. Für Familien, in denen sich zwei Kulturen vermischen, gilt es, einen Kompromiss aus beiden zu finden, um seine Kinder großzuziehen und dabei sich selbst nicht verleugnen zu müssen. Ein Spagat, der nicht für jede Mutter oder jeden Vater einfach ist.

ELTERN SEIN:
MENSCHLICHKEIT UND EMOTIONEN

Eltern sind auch nur Menschen

Wie hast Du Dich entschieden? Bist Du zu 100 Prozent Mutter beziehungsweise Vater? Wie viel Zeit musst Du pro Woche aufwenden, um für Deinen Lebensunterhalt zu arbeiten? Wie viel Zeit bleiben Dir für Deine Hobbys, Deine Regeneration und Entspannung? Die meisten Eltern machen sich vor der Geburt eines Kindes entweder gar keine Gedanken darüber oder zu viele. Beides ist keine gute Lösung, denn einige Dinge sollte man bereits in Gedanken durchspielen. Natürlich werden sie sich nur in seltenen Fällen derart umsetzen lassen, dass man von 100 Prozent sprechen könnte. Doch sollten nach Möglichkeit schon einige Pläne stehen, bevor das Kind da ist. Denn wenn es so weit ist, ändert sich das Leben so plötzlich, dass es sinnvoll ist, zumindest ein Gerüst für alles Weitere zur Hand zu haben. Dieses Gerüst beinhaltet einen Punkt, der oft in der anfänglichen Euphorie vergessen wird: Eltern sind auch nur Menschen.

Gern wird an diesem Punkt entsetzt protestiert und verzweifelt versucht, das Elternsein in die höchsten Höhen zu heben. Keine Frage, Elternsein ist etwas Tolles, etwas Magisches, aber auch etwas, das mit sehr viel Verantwortung, Achtsamkeit und Bewusstsein zu tun hat. Wer glaubt, er könne sein altes Leben so wie bisher exakt weiterleben, der wird schnell feststellen, dass das ein Trugschluss ist.

Was ich damit sagen möchte, ist, dass Kinder in ihrem Verhalten nicht vorhersehbar sind. Erziehung funktioniert nur selten wie im Lehrbuch und laufend werden wir als Eltern mit neuen Herausforderungen konfrontiert. Immer wieder werden wir dabei zu sagen pflegen „*Das habe ich mir *so* nicht vorgestellt*".

Die frisch gebackenen Eltern lassen sich vollkommen auf ihr Schreikind ein. Die Eltern des begabten Fußball-Jungen werden ihn überallhin zum Training und zu Punktspielen fahren inklusive Trainingslager im In- und Ausland, versteht sich. Die Eltern einer Leseratte werden sich eine private Bibliothek zulegen, damit das Kind genug Lesestoff hat, oder es mehrmals die Woche zur Stadtbücherei begleiten – Bücher sind nämlich schwer und wollen nach Hause getragen beziehungsweise gefahren werden.

Manchmal überkommt einen zwischen all den Pflichten, der Arbeit und was sonst noch anfällt die Frage „Wo bleibe ich eigentlich?". Eine sehr wichtige Frage, die *niemals* unter den Tisch fallen sollte. Seien wir ehrlich, wenn Du sie Dir gestellt hast, hast Du die Grenze, Dich selbst in der Hektik des Alltags zu verlieren, schon längst überschritten.

Solange Du bemüht bist, alle Pflichten zu erfüllen, eine gute Mutter oder ein guter Vater zu sein und zu jeder Tages- und Nachtzeit für Dein Kind da zu sein, mag es Dir tatsächlich so erscheinen, dass Dich diese Aufgabe ausfüllt, Dir Kraft gibt und Du in diesem Brummkreisel auf positive Weise gefangen bist. Doch ist ein kleines Element ausreichend, um den Kreisel ins Trudeln zu bringen. Bei dem einen ist das vielleicht eine traurige Nachricht, bei dem anderen handelt es sich möglicherweise um das Überlaufen der eigenen Emotionen. Viele Eltern vergessen schnell, dass auch ihre Bedürfnisse gestillt und ihre Emotionen beachtet werden *müssen*.

Für Kinder ist es notwendig zu lernen, dass ihre Eltern genau wie sie selbst sind. Denn wie unsere Kinder haben auch wir als Eltern mal gute und mal schlechte Tage und dürfen das zeigen – selbstverständlich kindgerecht. Warum sollte eine Mutter oder ein Vater nicht fröhlich, ausgelassen, wütend, enttäuscht oder frustriert sein dürfen? Wie soll ein Kind die Kunst der Empathie erlernen, wenn seine Eltern versuchen, ihre Gefühle vor ihm zu verstecken?

Eltern, die sich bemühen, immer fröhlich zu wirken, aus Angst, ihre Kinder zu verunsichern, tun unabsichtlich genau *das*. Denn Kinder besitzen sehr feine Antennen. Sie spüren zumeist von ganz allein, wenn es anderen in ihrem Umfeld nicht gut geht. Unterdrücken wir also bestimmte Gefühle, kann es im schlimmsten Fall passieren, dass unsere Kinder dieses Verhalten imitieren und das will wohl niemand.

Du solltest Deine Emotionen allerdings nicht gegen Dein Kind verwenden, damit es genau das macht, was Du von ihm erwartest. Emotionale Erpressung („Oma ist jetzt aber sehr enttäuscht, wenn du sie nicht umarmst.") ist ein absolutes No-Go. Deshalb solltest Du auch im Gleichgewicht mit Deinen Emotionen sein. Das bedeutet, dass Du Dir Deiner Emotionen bewusst bist und sie zu handhaben weißt. Du darfst Dich nur nicht gehen lassen.

Zudem sollten Kinder lernen, dass Eltern ebenso wie sie selbst reguläre Grundbedürfnisse besitzen: Hunger, Durst, Schlaf/Entspannung. Aber auch die alltäglichen Bedürfnisse wollen gestillt werden. Hierzu gehört unter anderem das soziale Leben, das jeder Mensch haben sollte, ebenso wie das kulturelle. Sei ehrlich zu Dir selbst und frage Dich, ob Du Deinen eigenen Wünschen in dieser Hinsicht gerecht wirst. Wenn nicht, ist es an der Zeit zu handeln, bevor sich die Situation festfährt. Je besser Du nicht nur für Dein Kind, sondern auch für Dich selbst sorgst, desto besser wird es Euch gehen. Denn nur ein ausgeglichener, entspannter Mensch kann ein gutes Vorbild für sein Kind sein. Es wäre doch fatal, wenn Dein Kind von Dir nur den Spagat zwischen Familie, Haushalt und Arbeit sehen würde. Würde es *Dich,* wie Du eigentlich bist, kennenlernen? Wahrscheinlich nicht.

Abschließend lässt sich sagen, Eltern sind auch nur Menschen, damit sind sie dem vollen Emotionsspektrum ausgeliefert wie jeder andere auch. Und wie für jeden Menschen gibt es auch für Eltern alltägliche Auslöser im Zusammenleben mit ihrem Kind, die zu einer sofortigen emotionalen Reaktion führen können. Hier ein paar Beispiele:

- Dein Kind lässt Deine Lieblingstasse fallen. Natürlich darfst Du im ersten Moment wütend oder bestürzt reagieren. Aber erkläre ihm auch, warum Du so reagierst. Ein gemeinsames Aufräumen der Scherben kann die Wogen wieder glätten.

- Dein Kind ertappt Dich, wie Du laut singend durch die Wohnung tanzt, weil Du eine gute Nachricht erhalten hast. Lass es daran teilhaben – tanzt zusammen. Gute Nachrichten solltest Du nicht für Dich behalten. Freude ist doch grundsätzlich zum Teilen gedacht.

- Enttäuschung kommt vor und darf auch mitgeteilt werden. Natürlich freust Du Dich nicht darüber, wenn Dein Kind erneut eine schlechte Note im eigentlichen Lieblingsfach nach Hause bringt. Denk aber daran, dass auch Dein Kind nicht erfreut sein wird. Seid kurz zusammen enttäuscht darüber und tröstet Euch dann mit einem Eis oder einem Spaziergang an der frischen Luft, um den Kopf wieder freizubekommen. Anschließend könnt Ihr Euch zusammensetzen und versuchen, eine Lösung für das Problem zu finden.

Erkennen und Akzeptieren der eigenen Grenzen

Dein Leben mit Deinem Kind ist eine der engsten zwischenmenschlichen Verbindungen, die Du jemals aufnehmen wirst, und sie wird ein Leben lang halten. Aber Du musst es auch ertragen können, dass Dein Kind älter wird, eigene Fortschritte in allen Lebensbereichen macht und Dich in dem einen oder anderen vielleicht sogar überholt.
Gerade im Bereich des EQ sind uns Eltern bedingt Grenzen gesetzt. Wenn unsere Kinder älter werden, sind sie als Jugendliche nicht jederzeit gewillt, mit uns zu sprechen. Das hindert sie allerdings nicht daran, genau zu wissen, wie sich die Eltern gerade fühlen. Manche scheinen

im Laufe der Zeit eine Art sechsten Sinn zu entwickeln, wenn es um die Eltern geht. Kaum stehen diese in der Tür, werden sie gescannt und schon kommt die Frage: „Was ist dir denn heute passiert? Du bist ja völlig neben der Spur." Touché! Natürlich kann man nicht immer mit der Wahrheit herausrücken. Nicht alle Themen, mit denen wir Erwachsene uns herumschlagen müssen, sind für Kinder oder Jugendliche geeignet. Ein paar kleine Notlügen könnten in diesem Fall angebracht sein. Sie sollten aber zumindest in die richtige Richtung gehen. Nur so kannst Du Deinem Kind zeigen, dass es Dich tatsächlich perfekt einschätzen konnte. Auf diese Weise lernt es, seinen Instinkten wie auch seiner Empathie zu vertrauen. Grundsätzlich ist es die gute Kommunikation zwischen Deinem Kind und Dir, die letztlich eine gute Entwicklung des EQ unterstützen wird und auch im Teenageralter noch ausgebaut werden kann. Dazu gehört neben dem aktiven Kommunizieren das intensive Zuhören. Egal, mit welcher Gefühlsregung es bei Dir ankommt, höre Deinem Kind zu. Nicht immer ist eine Antwort notwendig. Versuche nicht, jedes emotionale Problem sofort zu lösen. Gib Deinem Kind den Raum, den es braucht, um sich mit seinen eigenen oder mit fremden Emotionen auseinanderzusetzen. Dazu gehören natürlich auch die anderen Kinder und Lehrer, mit denen es einen Großteil des Tages verbringt. Versuche, bei Gesprächen über Klassenkameraden, Lehrer oder Trainer neutral zu bleiben. Das ist nicht immer einfach, aber notwendig, damit Dein Kind seine eigene Sichtweise zu dieser Person einnehmen kann.

Kinder können mit den Begriffen Empathie oder EQ noch nichts anfangen. Sie folgen ihrem Bauchgefühl. Stärke sie, wenn sie richtig liegen, und verheimliche es nicht, wenn sie daneben liegen. Eines aber darfst Du nicht: Nutze Dein Kind nicht als Stütze, um Dich selbst besser zu fühlen. Die Gründe, warum es Dir nicht gut geht, sollten nicht in voller Wahrheit an Dein Kind herangetragen werden.

Du kannst ihm zum Beispiel sagen, dass Du Ärger mit Deinem Chef hattest. Aber das muss reichen. Später, wenn es in der Pubertät ist und auf das Leben vorbereitet werden muss, kannst Du ein wenig mehr von der Wahrheit durchblicken lassen. In jungen Jahren sollte Dein Kind noch nicht damit belastet werden. Vielleicht kommt es gut damit zurecht. Vielleicht zerstörst Du aber auch sein Vertrauen in die Menschen. Spüre in Dein Kind hinein, dann wirst Du wissen, wie weit Du es einbinden kannst.

Hast Du tatsächlich einen Gefühlsdetektor zu Hause, ist es oft nicht einfach, mit dieser Fähigkeit umzugehen.

Nehmen wir meine eigene Tochter als Beispiel. Sie ist hypersensibel, was es unmöglich macht, die eigenen Emotionen vor ihr geheim zu halten. Auch wenn meine Tochter und ich auf der emotionalen Ebene gut kommunizieren können, gibt es bei den drei Herren im Team – meinem Mann und meinen beiden Söhnen – ständig Querelen. Sie zeigen ihre Emotionen sehr deutlich, wollen aber, ganz dem männlichen Geschlecht entsprechend, nicht mit ihnen konfrontiert werden. Rutscht meiner Tochter doch ein entsprechender Kommentar heraus, wird gleich das Kriegsbeil ausgegraben. Das Gefühlsleben der Herren ist nämlich nicht für die Ohren des weiblichen Geschlechts bestimmt. Du kannst Dir vorstellen, dass es Tage gibt, an denen meine Tochter heulend, beleidigt oder wütend krakeelend in ihrem Zimmer verschwindet. Die Alternative sind beleidigte und beleidigende Jungen, denen man in ihr Innerstes geschaut hat – und *das* ist natürlich das größte No-Go, das man einem männlichen Teenager antun kann. Haben sie keine Empathie entwickelt? Doch, haben sie. Und dennoch lassen sie sich innerhalb der Familie nicht darauf ein. Wie ich in solchen Momenten reagiere? Die Tagesverfassung entscheidet über meine Reaktion. Versuche ich den pubertären Sturm an mir vorbeiziehen zu lassen, fühlt sich garantiert einer von ihnen zurückgestoßen. Beziehe ich Position und schlage mich auf eine Seite, ist es auch verkehrt. Habe ich eventuell eine ganz andere, eigene Meinung zu dem vorliegenden Thema, rotten sich die Kinder gegen mich zusammen.

Was Du aus diesem Beispiel lernen kannst: Manchmal ist die beste Lösung, die Schultern sinken zu lassen und sich dumm zu stellen. Im Eifer des Gefechts ist es nicht immer möglich, die Emotionen Deines Kindes aufzugreifen. Das gilt auch für Menschen mit einem hohen emotionalen Intelligenzquotienten. Dafür sind die Situationen oft viel zu schnell wieder vorbei. Verfalle auch nicht der Ansicht, dass man im Nachhinein alles besprechen könnte. Wenn Gras über die Sache gewachsen ist, ist es mitunter das Beste, das Gras noch ein wenig höher wachsen zu lassen. Sicherlich sollte man seine Kinder in möglichst allen Situationen unterstützen, sie (an-)leiten und sie auf ihre Fähigkeiten aufmerksam machen. Wenn Du selbst aber emotional zu stark eingebunden bist, kann es sinnvoll sein, dass sie sich ihren eigenen Weg suchen. Nur wenn Du authentisch bleibst, selbst wenn das für Dein Kind einmal Gegenwind bedeuten mag, gibst Du ihm die Möglichkeit, Dich auf allen Ebenen zu respektieren. Die meisten Kinder ziehen sich nach einer derartigen Auseinandersetzung zurück und lassen die Situation Revue passieren. Eine emotionale Aufarbeitung ist hilfreich, fördert die Stärkung des eigenen EQ und gibt dem Kind die Chance, sich selbst zu sortieren. Vielleicht möchte es irgendwann noch einmal mit Dir darüber sprechen. Wenn es das einfordert, sei zur Stelle. Tut es das nicht, kannst Du es nicht erzwingen. Aber Du kannst darauf vertrauen, dass es sich in irgendeiner Weise damit auseinandersetzen wird. Hast Du gute Vorarbeit geleistet, wird das Ergebnis positiv ausfallen.

Was passiert, wenn Du Deine Emotionen und Bedürfnisse verleugnest oder ihnen nicht nachkommst?

Es kommt nicht selten vor, dass Eltern sich dem Elternsein mit Haut und Haaren verschreiben. Sie gehen über ihre eigenen Bedürfnisse wie ausreichend Schlaf oder Ruhephasen, soziale Kontakte oder kulturelle Ereignisse gnadenlos hinweg. Für sie gibt es scheinbar nur noch einen Lebensinhalt: das Aufziehen ihres Kindes. Was auf den ersten Blick logisch erscheint, lässt sich nur bedingt umsetzen. Jeder Mensch hat diese Bedürfnisse. Ebenso werden sich über kurz oder lang auch alltägliche Emotionen einstellen, die nichts mit dem Kind zu tun haben. Wer möchte sich nicht zwischendurch einen Abend mit der besten Freundin oder dem besten Freund zusammensetzen, vielleicht ein Glas Wein trinken und sich über Gott und die Welt unterhalten? Oder ausgehen, tanzen, Spaß haben und irgendwann spät nachts nach Hause kommen? Es handelt sich hierbei um Wünsche, die weder zu hoch gesteckt noch unmöglich umzusetzen sind. Allerdings musst Du eines dafür tun: Du musst einer anderen Person so weit vertrauen, dass sie für einen Abend oder eine Nacht auf Dein Kind aufpassen darf. Nicht jeder ist für diesen Job geeignet. Je jünger Dein Kind ist, desto erfahrener sollte Dein Babysitter sein. Und Du hast sicher recht, wenn Du nicht jeder Oma, jedem Opa, dem Onkel oder der Tante Dein Kind anvertrauen möchtest. Manchmal stimmt die Chemie nicht.

Wenn Du diese Möglichkeit in Betracht ziehst, wirst Du vor Ort aber definitiv jemanden finden, der oder die auf Dein Kind aufpassen könnte, damit Du wieder aktiv am Leben – außerhalb der Familienstruktur – teilnehmen kannst. Wenn Du die Möglichkeit hast, frage mal in einer Kita bei Dir vor Ort oder im Bürgeramt Deiner Stadt oder Gemeinde nach. Dort kann man Dir entweder direkt weiterhelfen oder Dich an die entsprechenden Stellen weiterleiten. Die AWO und das Deutsche Rote

Kreuz vermitteln außerdem offiziell eingetragene Babysitter über die sogenannte Babysitteragentur oder den Babysitter-Vermittlungsdienst. Eine Nachfrage dort lohnt sich bestimmt. Aber auch über das Internet kann man eingetragene Babysitter vor Ort finden. Auf www.babysitter. de wirst Du sicher jemanden entdecken, der in Deiner Nähe wohnt.

Natürlich könntest Du Dein Kind zu bestimmten Treffen auch mitnehmen – gehst Du am Abend zu Deiner Freundin um die Ecke, ist das kein Problem. Auch wenn Du auf einen Flohmarkt, ins Museum zu einer Ausstellung oder zu einem Stadtfest gehen möchtest, spricht nichts dagegen. Ein Konzertbesuch, eine Tanzveranstaltung oder Ähnliches sind für kleinere Kinder jedoch ungeeignet. Für sie wäre es zu laut und zu unruhig und Du hättest sicher nicht den Spaß, den Du Dir wünschst. Wenn Du also mit Deinem Partner oder Deiner Partnerin gemeinsam etwas unternehmen möchtest oder vielleicht alleinerziehend bist, bleibt Dir über kurz oder lang nichts anderes übrig, als über Deinen Schatten zu springen und Dein Kind einer anderen Person anzuvertrauen, wenn Du Wünsche dieser Art umsetzen möchtest.

Falls es Dir möglich ist, könntest Du Dich alternativ auch hin und wieder mit Deinem Partner / Deiner Partnerin abwechseln. So könnte vielleicht jeder von Euch einen „freien" Abend unter der Woche genießen und einem Hobby nachgehen, während der andere auf den Nachwuchs aufpasst.

Möglicherweise sagst Du jetzt, Du bist trotz allem jemand, der seine Emotionen *immer* unter Kontrolle hat, nur selten eine Pause braucht und auch in den schlimmsten Situationen seines Lebens stets stark und für die anderen da ist? Es schmerzt mich, Dir sagen zu müssen, dass Du irgendwann die Quittung dafür bekommen wirst. Emotionen lassen sich nicht so einfach unterdrücken. Sperrst Du sie dauerhaft weg, werden sie einen Preis dafür verlangen. Und der kann hoch sein. Überlege Dir also gut, wie Du mit ihnen umgehen willst.

Kennst Du den medizinischen Ansatz, der besagt, dass *jede* Krankheit in den Emotionen und der Psyche beginnt? Die Emotionen und die psychische Gesundheit sind direkt miteinander verbunden, auch wenn wir uns dessen nicht bewusst sind. Kränkelt die Psyche, weil Du Emotionen nicht zulassen möchtest, wird sich das in Deinem Körper widerspiegeln. Je nach individueller Veranlagung können sich Probleme mit dem Sehvermögen, der Haut, der Verdauung oder Deinem Sprachvermögen bilden ebenso wie chronische Kopfschmerzen, die bis zu einer Migräne heranwachsen können. Besonders beliebt ist Bluthochdruck bei Eltern, die dauerhaft unter Stress stehen, weil sie es allen recht machen möchten. Lass nicht zu, dass sich diese Symptome bei Dir einschleichen oder sogar steigern. Lass nicht zu, dass Du aufgrund der Selbstverleugnung, die ja eigentlich gut gemeint ist, in einen womöglich ernsthaften Krankheitszustand gerätst. Die Chance auf Herzinfarkte, Schlafanfälle oder schwerwiegende chronische Erkrankungen lässt sich verringern, wenn Du trotz Deines Kindes weiterhin gut auf Dich achtgibst.

Stell Dir mal die Frage, wer für Dein Kind sorgen soll, wenn Du es nicht mehr kannst? Spätestens an diesem Punkt solltest Du aufwachen und in Deinem Leben etwas ändern, um Selbstfürsorge wieder in Deinen Alltag einziehen zu lassen.

Wer muss sich anpassen – das Kind oder die Eltern?

Bevor wir tiefer in die Beantwortung dieser Frage eintauchen, lass mich Dir eines mit auf den Weg geben: Wie Du Dich auch entscheidest, wird es für Dich und Dein Kind richtig sein. Du wirst bemerken, wenn Dein Lebensstil nicht zu Deinem Kind passt oder sich Dein Kind nicht integrieren lässt. Dann wirst Du vermutlich intuitiv Anpassungen vornehmen. Das wird nicht bei jeder Problematik einfach sein, aber Du wirst das machen, was für Euch funktioniert und sich (einigermaßen) richtig anfühlt.

Manche Eltern können sich nicht von ihrem Kind trennen. Sie nehmen es überall mit hin. Eine Wickeltasche, eine strapazierfähige Karre, in der das Kind auch schlafen könnte (alternativ ein Reisebett), sowie eine Tragemöglichkeit (beispielsweise ein Babytragetuch oder eine Känguru-Tragehilfe) sind für den Anfang oftmals ausreichend, um keinerlei Einschränkungen im Alltag hinnehmen zu müssen. Selbst an den Strand und auf Fernreisen nehmen sie ihr Kind mit. Ob das gut oder schlecht ist, muss jeder für sich und sein Kind selbst entscheiden. Grundsätzlich wird es keine bleibenden Schäden davontragen, wenn ein Kind überallhin mitgenommen wird. Selbstverständlich muss dafür gesorgt sein, dass alle Bedürfnisse vollständig befriedigt werden können, und nicht alle Kinder sind für diese Variante geeignet. Schreikinder oder Kinder, die Schwierigkeiten haben, sich an einen bestimmten Rhythmus zu halten, sollten dieser Form von Stress nicht ausgesetzt werden.

Zudem ist es auch für die Eltern nicht angenehm, mit ihrem Schreikind im Restaurant zu sitzen und die anderen Gäste zu stören oder in einem Flugzeug eine Schreiattacke in den Griff bekommen zu müssen. Ist Dein Kind auch noch klein, überlege daher genau, was Du ihm und Euch zumuten möchtest und kannst, dann wirst Du diesbezüglich sicherlich die richtige Entscheidung treffen.

Andere Eltern wiederum ziehen sich für eine unbestimmte Zeit vollständig mit dem Neugeborenen zurück. Für Mutter und Kind ist das in vielen Fällen eine vernünftige Entscheidung, denn egal wie „leicht" die Geburt verlief, ist sie doch sehr anstrengend für beide gewesen. Dieser Rückzug ist eine gute Methode, um sich miteinander bekannt zu machen, sich aufeinander einzustellen und ein ungestörtes Bonding zu ermöglichen. Ob Du bei dieser Variante, wenn Du sie denn vorziehen solltest, bereit bist, Freunde und Verwandte zu empfangen, liegt bei Dir.

Das Gute ist, dass Du den Tag in einem Rhythmus verbringen kannst, der zu Deinem Kind und Dir am besten passt. Du kannst seine Bedürfnisse in aller Ruhe und ohne weitere Verpflichtungen kennenlernen. Auf diese Weise ist es für Dich oft leichter, Dich in Deinem neuen Alltag zurechtzufinden, ohne Stress, ohne einzuhaltende Pflichten. Einem Neugeborenen wird der Eintritt ins Leben so ebenfalls angenehm gestaltet.

Für welche Variante Ihr Euch als Familie letztlich entscheidet, kommt darauf an, womit Ihr Euch am wohlsten fühlt, denn sind die Eltern entspannt, ist es das Neugeborene in der Regel auch.

Was braucht ein Kind wirklich?

Man sollte meinen, dass die Antwort auf der Hand liegt, und doch wird man viele verschiedene Antworten zu dieser Frage erhalten. Zudem gilt es, zwischen elementaren Dingen und Luxusgegenständen zu unterscheiden.

Die elementaren Dinge sind einfach: Liebe, Geborgenheit, gegenseitiges Vertrauen, Nahrungs- und Flüssigkeitsaufnahme, Hygiene, Freude, sinnvolle Beschäftigung zur Entwicklung des persönlichen Potenzials, ein Dach über dem Kopf, saubere Kleidung, die Möglichkeit zu lernen und Schutz. Das gilt für die gesamte Kindheit und Jugend. Am besten kann das Kind von diesen Dingen profitieren, wenn es zunehmend in den Alltag eingebunden wird.

Kinder brauchen Vorbilder. Sicherlich erobern sie sich ihre Welt aus eigenem Antrieb heraus, doch tun sie das in Anlehnung an ihre Umwelt. Was ein Kind entdeckt, was es sich abschauen kann, kann es für sich nutzen und in seine Verhaltensweisen einbinden. Natürlich können wir nicht 24/7 ein Vorbild für unsere Kinder sein. Gelingt es Dir aber, während der meisten Zeit, die Du mit Deinem Kind verbringst, ein gutes

Vorbild zu sein, kann es so viel von Dir lernen, dass Du das Gefühl hast, es hätte sich ganz nebenbei selbst erzogen.

Ein Beispiel: Ein Vater liebt es, im Garten zu arbeiten, um die Familie für einen Großteil des Jahres mit frischem Obst und Gemüse zu versorgen. Von Anfang an nimmt er sein Kind mit in den Garten. Es schaut ihm zunächst zu. Als es größer wird, darf es kleine Aufgaben übernehmen. Es wird für das Kind zu einer tollen Routine, seine überschüssige Energie im Garten loszuwerden oder dort Zeit zu verbringen, wenn es einfach nur frische Luft schnappen möchte. Auf diese Weise lernt es, wie man sich selbst ein wunderbares Gefühl der Zufriedenheit schenken kann und zugleich etwas Positives für die Familie leistet. Der Vater hat es demnach nicht nur geschafft, sein Kind für die Gartenarbeit zu begeistern und somit einige sehr nützliche Fähigkeiten zu erlernen, er hat ebenfalls erreicht, dass sein Kind versteht, dass es für seine individuelle Zufriedenheit selbst verantwortlich ist. Ein ähnliches Ergebnis kann auch durch das Vorleben und Vermitteln von Hilfsbereitschaft innerhalb der Familie, im Freundes- und Bekanntenkreis oder der Nachbarschaft sehr gut erreicht werden.

Nicht jeder hat die Option zu gärtnern. Aber auch auf der Fensterbank oder dem Balkon kann man so einiges zustande bringen. Hast Du schon mal darüber nachgedacht, welche Werte und Fähigkeiten Du Deinem Kind mitgeben und welche Du ihm vorleben möchtest? Du wirst Dich wundern, was tatsächlich übernommen wird und was nicht oder was vermeintlich zunächst nicht angenommen wird, später mit zunehmendem Alter aber doch zum Vorschein kommt.

Ein weiteres Beispiel: Soziales Engagement in der Gemeinde und dem persönlichen Umfeld ist der Mutter sehr wichtig. Sie hat es ihrer Tochter jahrelang vorgelebt, diese zeigt allerdings kein Interesse an ihrem Engagement. In der Pubertät kommt ihre soziale Ader aber letztlich wie von selbst zum Vorschein. Mit einem Male denkt die Tochter sogar über eine Tätigkeit in der Altenpflege oder ein Lehramtsstudium nach.

Dieses Beispiel zeigt, dass man nichts erzwingen kann. Geh diesbezüglich auf Dein Kind ein und versuche, es bei seinen Interessen zu packen. Bei dem einen sind das soziale oder sportliche Aktivitäten, bei dem anderen vielleicht Musik, Theater oder die Natur. Wenn es sich um einen Bereich handelt, zu dem Dir das Wissen oder die erforderlichen Fähigkeiten fehlen, kannst Du Dein Kind unterstützen, einen entsprechenden Mentor zu finden. An diesem Punkt wären wir wieder bei dem Dorf angekommen, das es bedarf, um ein Kind großzuziehen. Vergiss nicht, zwischen seinen und Deinen Interessen und Fähigkeiten zu unterscheiden. Hierzu gehört eine gute Selbstwahrnehmung und -regulierung. Zwar ist es verständlich, dass Du Deinem Kind *alle* wichtigen Anliegen und Fähigkeiten vermitteln möchtest, die Du selbst beherrschst, aber es geht hier nicht um Deine Selbstentwicklung, sondern um die Deines Kindes. Nimm es also nicht persönlich, sondern freue Dich, wenn es sich in eine konkrete Richtung entwickelt. Unterstütze es dabei und bleibe entspannt. Vieles wird sich im Unterbewusstsein festgesetzt haben und zu gegebener Zeit zum Vorschein kommen. Darauf kannst Du vertrauen.

GESCHLECHTERSPEZIFISCHE ERZIEHUNG

Mütter und Väter, Frauen und Männer – sie erziehen unterschiedlich. Das ist nicht einfach nur so dahingesagt. Vielmehr handelt es sich um eine Beobachtung, die Du auch schnell machst, wenn Du andere Familien ein wenig genauer betrachtest. Ob Du Dich in die eine oder andere Rubrik einordnen lassen möchtest, kannst aber nur Du entscheiden. Würden wir meinen Sohn fragen, erhielten wir folgende Antwort, die mir gerade vor ein paar Tagen die Tränen in die Augen getrieben hat. Mein Sohn wird bald volljährig. Er sagte: „Mütter müssen die Kinder, egal wie alt sie sind, nur lieb haben und sie umsorgen. Väter hingegen sollen stolz auf ihre Kinder sein können. Auf ihre Persönlichkeit, ihre Erfolge, ihr Engagement und später dann auch auf ihre Familie." So einfach ist das also – als Mutter muss ich mein Kind nur lieb haben. Mein Sohn weiß es noch nicht besser, aber *so* leicht ist es zumeist nicht.

Wie erziehen Mütter?

In unserer Gesellschaft herrscht immer noch das Bild vor, dass Mütter liebevoll, begleitend, fürsorglich und umsorgend sein sollten, wenn es sich einrichten lässt. Sie fahren das Kind zu Terminen und sorgen nicht nur für ein Einkommen, sondern auch dafür, dass sich zu Hause alle wohlfühlen und es sauber und ordentlich ist. Man könnte sagen, dass das traditionelle Bild, wie sich eine Mutter zu verhalten hat, immer noch stark in uns verankert ist. Die Mutter organisiert alles, was mit der Familie zu tun hat. Folgen wir diesem Bild, geht sie in dieser Aufgabe auf und arbeitet zudem mindestens halbtags. Man könnte sagen, dass sie ein absolutes Allroundtalent ist, das die anfallenden Aufgaben so nebenbei zu erledigen scheint. Ob sie bei alledem auch noch Zeit für Selbstfürsorge und Hobbys hat, sei dahingestellt.

Eine Mutter ist in der Lage, jedes zwischenmenschliche Problem auf einfache und schnelle Weise zu lösen, ohne dabei die Fassung zu verlieren. Sie ist ein Abbild an Organisationstalent und Selbstkontrolle, liebend, mitfühlend und bestimmend zugleich. Auch wenn eine gewisse Strenge für die Erziehung notwendig ist, überwiegen die liebenden Komponenten.

Diese Mütter gibt es tatsächlich auch heute noch. Es fragt sich nur, wie sie all diese Aufgaben in einen Zeitrahmen von 24 Stunden quetschen können. Nicht jedem ist diese Fähigkeit gegeben.

Wie erziehen Väter?

Die meisten Väter sind den Tag über nicht zu Hause, sondern am Arbeitsplatz. Kommen sie abends heim, gibt es zwei unterschiedliche Szenarien:

a. Der Vater möchte seine Ruhe und sein Essen. Anschließend beschäftigt er sich mit Dingen, die ihn selbst interessieren, wie Sport, sein Smartphone, Computerspiele oder andere Hobbys.
Es ist nicht schwer zu erraten, dass sein Kind von ihm vornehmlich lernen wird, dass es in Ruhe gelassen werden möchte.
Am Wochenende hat der Vater dann mehr Zeit für den Nachwuchs und kümmert sich intensiver, allerdings meist anhand der eigenen Interessen. Frei nach dem Motto: Wäre doch gelacht, wenn ich Kind und Hobby nicht verbinden könnte.

b. Der zweite Typ Vater ist jederzeit für sein Kind da und zur Not auf dem Handy erreichbar. Er ist derjenige, der es stets zu Terminen fährt.

Kommt dieser Vater von der Arbeit nach Hause, ist Zeit für sein Kind eingeplant. Alles andere kann warten. Auch wenn sich dieser Vater anhört, als hätte er sich seine Methode von den Müttern abgeschaut, ist er doch wesentlich authentischer und direkter im Umgang mit seinem Kind. Es wird nicht diskutiert, es gibt klare Ansagen.

Von der „Rolle" zur Individualität?

Fragt man sich, welche Erziehung die bessere ist, die mütterliche oder die väterliche, so wird man vermutlich auf keinen gemeinsamen Nenner kommen. Denn beide Methoden sind bestens dazu geeignet, aus dem Kind einen guten, empathischen und kompetenten Menschen zu machen. Mag vielleicht bei der mütterlichen Erziehung die empathische Komponente überwiegen, finden wir bei der väterlichen Erziehung mehr Authentizität und mehr Pragmatismus. Man kann nicht sagen, dass das eine schlechter wäre als das andere. Eines aber fällt vermutlich doch auf: Die herkömmliche väterliche Erziehung ist weniger mit Angst um das Kind behaftet als die mütterliche. Sicherlich sind diese Attribute zurzeit im Umschwung, sodass sie sich nicht mehr eindeutig zuordnen lassen, aber das ist auch gar nicht notwendig. Viel wichtiger ist es, dass bestmöglich auf das Kind eingegangen wird, um sein Potenzial hervorzuheben und zu fördern. So ist nicht das *Was*, sondern das *Wie* der entscheidende Punkt. Jeder Mensch hat seine Stärken und Schwächen. Das gilt selbstverständlich auch für Eltern. Stehe dazu! Nutze Deine Stärken für die Erziehung Deines Kindes. In Bereichen, in denen Du selbst Schwächen aufweist – was kein Mangel, sondern lediglich eine Tatsache ist –, kannst Du Dir Unterstützung von anderen holen. So gibt es kein Richtig oder Falsch in der Erziehung. Genau genommen gibt es lediglich ein *Bestmöglich*. Niemand möchte diese Bezeichnung hören und doch ist es so. Jeder kann nur so viel leisten, wie er kann. Dafür muss sich niemand schämen, keine Mutter und kein Vater.

Geschlechterrollen – wie steht es damit?

Viele Menschen halten sich noch an die traditionellen Geschlechterrollen. Inzwischen stehen jedoch nicht mehr nur diese überlieferten Bilder zur Auswahl. In der heutigen Zeit ist es nicht unüblich, sein Kind allein großzuziehen, sowohl für Mütter als auch Väter. Daran ist nichts verwerflich. Es ist eher eine Entwicklung der Gesellschaft. Eine wichtige Frage für Dich ist, wie Du Dich mit der Elternrolle identifizierst. Für die meisten Eltern, egal ob sie sich in einer Beziehung befinden oder alleinerziehend sind, ist es notwendig, einer beruflichen Tätigkeit nachzugehen. Euer pures Überleben hängt davon ab. In solchen Situationen stellt sich auch nicht die Frage, ob es für das Seelenheil des Kindes eine gute Entscheidung ist, wenn es vielleicht schon recht früh in die Kita gehen muss. Trotzdem bleibt die traditionelle oder eher modern ausgerichtete Geschlechterrolle vorhanden. Es versteht sich von selbst, dass Du dieses Bild auch Deinem Kind mitgibst. Wie es sich später ausrichten wird, wenn es älter geworden ist und die Welt aus einem eigenen Blickwinkel betrachtet, wird sich herausstellen. Hat es von Dir gelernt, dass man zu seiner persönlichen Identität stehen kann, ohne sich zu rechtfertigen oder schämen zu müssen, wird es mit dieser Situation, die auf jedes Kind einmal zukommt, sehr gut umgehen können. Vor allem dann, wenn es weiß, dass Du ihm den Rücken stärkst und zu ihm hältst, egal, was kommt.

Dennoch wird Deine eigene Geschlechterrolle Dein Kind selbstverständlich beeinflussen. Schließlich übernehmen Kinder so einiges von ihren Eltern oder gehen einen ganz eigenen Weg, wenn sie feststellen, dass sie diese Einstellung nicht teilen. So leicht es sich an dieser Stelle auch sagen lässt, nimm es nicht persönlich, wenn sich Dein Kind anders entwickelt, als Du es geplant hast, denn das kannst Du nicht planen. Du kannst hoffen, dass Dein Einfluss sich bemerkbar macht. Welches Ergebnis bei Deiner Erziehung herauskommt, die im Laufe der Zeit von vielen anderen Einflüssen verfälscht und verwässert wird, wirst Du erst später sehen. Deshalb ist es vielleicht einfacher und entspannter für beide Seiten, wenn Du zwar die Rahmenbedingungen setzt, Deinem Kind aber alle Freiheiten zur Entfaltung lässt. Begleite es auf seinem Weg, unterstütze es, hilf ihm wieder auf und vor allem liebe es, egal, wohin es sich wendet. Du wirst sehen, Dein Kind wird die richtigen Entscheidungen treffen. Vermutlich wirst Du viel ertragen müssen, wenn du diesen Weg wählst, aber das Ergebnis wird es wert sein.

Konntest Du Deinem Kind vermitteln, dass es wichtig ist, authentisch zu sein, wird es sich überall behaupten können. Die Identität, was auch immer jeder von uns darunter verstehen mag, ist einerlei. Würde mich jemand nach meiner Identität fragen, würde ich sagen: „Ich bin Stefanie und Mutter." Alles andere ist – zumindest zurzeit noch – Beiwerk. Sind meine Kinder irgendwann ausgezogen, bin ich immer noch Stefanie und Mutter, habe allerdings wieder viel Zeit für andere Dinge.

Sei stolz darauf, Mutter oder Vater sein zu dürfen. Es ist keine Selbstverständlichkeit und es ist auch keine Aufgabe, bei der es einen „Angestellten des Monats" oder Ähnliches gibt. Kein Award, keine Standing Ovations. Dennoch wirst Du Dich für den Rest Deines Lebens mit dieser Rolle identifizieren. Meistens sogar sehr gern.

KINDERGARTEN, SCHULE UND ALTERNATIVEN

Der übliche deutsche Bildungsweg

Schauen wir uns den regulären Bildungsweg eines Kindes an, so wird dieser wie folgt aussehen: Krippe oder Tagesmutter, Kindergarten oder Kindertagesstätte, Grundschule und weiterführende Schule in Form einer Gemeinschaftsschule, Regionalschule, Hauptschule, Realschule oder eines Gymnasiums. Zusätzlich besteht je nach den örtlichen Gegebenheiten noch die Möglichkeit, sein Kind in eine alternative Einrichtung zu schicken wie beispielsweise eine Montessori-Schule, Waldorf, Primus oder ähnliche, auf die ich weiter hinten in diesem Kapitel noch eingehen werde.

In Deutschland gilt die allgemeine Schulpflicht. Die beläuft sich auf zehn Jahre Vollschulzeit. Hiervon müssen sechs Jahre an einer weiterführenden Schule absolviert werden. Wer den ESA (Erster allgemeinbildender Schulabschluss – auch Hauptschulabschluss genannt) absolviert hat oder den Realschulabschluss (MSA; mit oder ohne Qualifikation) macht und danach eine Berufsausbildung beginnt, muss sich nur noch mit der Berufsschule auseinandersetzen. Ansonsten besteht eine Schulpflicht bis zum Erreichen der Volljährigkeit.

An die Schulzeit anschließend kann also eine berufsbildende Schule besucht oder eine zwei- bzw. dreijährige Oberstufe absolviert werden. Ob es insgesamt 12 oder 13 Jahre bis zum Abitur dauert, hängt von dem Bundesland ab, in dem man wohnt. Vielleicht folgt ein Freiwilliges Jahr oder es schließen sich eine Ausbildung und/oder ein Studium an. Irgendwie geht es an diesem Punkt immer weiter, denn die meisten

Kinder wissen in diesem Alter zumindest einigermaßen, in welche Richtung die berufliche Reise gehen soll.

Abgesehen davon, dass es unumgänglich sein kann, sein Kind bereits wenige Monate nach der Geburt zu einer Tagesmutter oder in eine Krippe geben zu müssen, muss man sich dennoch fragen, wie früh es tatsächlich notwendig ist, sein Kind fremdbetreuen zu lassen. In anderen Kulturen, in denen die Mütter und Väter auch für ihren Lebensunterhalt arbeiten müssen, werden die Kinder heute noch dorthin mitgenommen, wo die Eltern arbeiten. Warum also sollten die Eltern bei uns nicht auch die Möglichkeit erhalten, einen betriebseigenen oder nahe gelegenen Kindergarten, eine Krippe oder Kita nutzen zu können? Das würde vieles erleichtern, aber oftmals sind dafür nicht ausreichend Plätze vorhanden. Gut, dass das digitale Zeitalter Eltern – zumindest in diversen Berufszweigen – ermöglicht, auf Homeoffice umzusteigen, sodass sie Beruf und Kinderbetreuung unter einen Hut bekommen. Aber ist das wirklich so einfach? Die Antwort lautet *Nein*. Wer im Homeoffice arbeitet, benötigt Disziplin, damit er sein Arbeitspensum schafft, das er sonst ohne Ablenkung von Kind und Haushalt in den Büroräumen erledigen würde. Zu Hause ist das gar nicht so leicht. Ob sich dieser Spagat bewältigen lässt, ist von Deinem Organisationstalent und Deiner schier unerschöpflichen Energie abhängig. Zudem lässt sich nicht jedes Kind während einer Arbeitsphase so einfach ins Bettchen oder Laufgitter stecken. Wie gut, wenn Oma und Opa, Freunde oder andere helfende Hände wie vielleicht eine Tagesmutter bei der Betreuung bis zur Schulzeit einspringen können. So bekommt man zumindest einen Teil des täglichen Pensums geschafft. Trotzdem – und ich spreche aus eigener Erfahrung – kann es passieren, dass Du fast jeden Abend fix und fertig bist. Nicht weil Dein Organisationstalent nicht ausgereicht hätte, sondern weil Du zwei oder mehr Jobs gleichzeitig bewältigst.

In der Grundschule wird es hinsichtlich der Kinderbetreuung eventuell ein wenig einfacher, denn dort wird meist eine Früh- sowie Nachmittagsbetreuung angeboten, die allerdings ein entsprechendes Entgelt kostet. Dieses Angebot kann Dich entlasten und Du musst nicht mehr den vollen Betreuungsspagat allein stemmen. Die Kosten für diese Nachmittagsbetreuung orientieren sich an Deinem beziehungsweise Eurem Einkommen, wenn Du in einer Partnerschaft lebst, und sind in der Regel bezahlbar. Liegt Dein oder Euer Verdienst unter einem bestimmten Schnitt, braucht Ihr für die Betreuung normalerweise gar nichts zu bezahlen. Aber um auf Nummer sicher zu gehen, ob diese Regelung auch bei Dir vor Ort gilt, frage bei Deiner Stadt oder Gemeinde nach. Aber bedenke, nicht alle Kinder wollen nach dem Unterricht noch bei ihren Kameraden bleiben. Sicherlich lernen sie dort unter Aufsicht gewisse soziale Strukturen kennen, das ist ihnen aber auch möglich, wenn sie nachmittags zu Freunden zum Spielen gehen oder im Sportverein oder der Musikschule aktiv sind sowie von Verwandten oder anderen Eltern betreut werden. Welche dieser Varianten Ihr für Eure Familie benötigt, kannst Du nur anhand Eurer Bedürfnisse und Wünsche beantworten.

Die weiterführende Schule gibt Dir neue Freiheiten. Einerseits dehnen sich die täglichen Schulzeiten aus, andererseits wird zumindest für die Klassenstufen fünf bis sieben oftmals noch Nachmittagsbetreuung angeboten. Ob die notwendig ist, hängt vom Entwicklungsstand Deines Kindes und Deinen Arbeitszeiten ab. Viele Kinder können bereits in diesem Alter mit einem Schlüssel ausgerüstet werden und die ersten ein bis zwei Stunden nach der Schule allein zu Hause verbringen. Allerdings sind nicht alle so diszipliniert, dass sie ihre Pflichten wie Hausaufgaben machen, Zimmer aufräumen oder Ähnliches selbstständig erledigen, daran solltest Du vor Deiner Entscheidung denken. Für diese Aufgaben sollte es feste Regeln geben, damit nicht alles drunter und drüber geht und letztlich doch an Dir hängen bleibt.

Ab der siebten Klasse kannst Du Dich hinsichtlich der Schule ein wenig entspannen, denn jetzt sollte die Selbstständigkeit Deines Kindes ausreichen, um Dich in dieser Hinsicht zu entlasten. Allerdings sind Kinder in diesem Alter in der Pubertät, was zu anderen Verwicklungen führen kann. Aber irgendwann musst Du die Zügel länger werden lassen, damit Dein Kind beginnt, eine solide Selbstständigkeit aufzubauen.

Krippe, Kita, Kindergarten, Tagesmutter – ein Muss oder ein notwendiges Übel?

Diese Diskussion ist sehr schwierig, denn um eine konkrete Entscheidung treffen zu können, ist es zwingend notwendig, die Lebensumstände der jeweiligen Familie zu kennen. Für ein Kind besteht zumindest in den ersten Jahren keine zwingende Notwendigkeit, von den Eltern getrennt zu werden, es sei denn, beide Elternteile müssen arbeiten.

Eine wunderbare Lösung wäre es, wenn das Kind von einem nahen Verwandten oder Freund der Familie betreut werden könnte. Doch diese Option ist nicht jedem gegeben, so bleibt oft nur die Fremdbetreuung bei einer Tagesmutter oder in einer Einrichtung. Wichtig ist in diesem Fall, dass Du Dir in den übrigen Stunden des Tages ausreichend Zeit für Dein Kind nimmst. Du hast gleich nach der Geburt für ein gutes Bonding gesorgt. Diese Verbindung darf nicht zerbrechen. Kümmere Dich aber auch um Dich selbst. Vermutlich bricht es Dir jeden Morgen das Herz, wenn Du Dein kleines Kind anderen Menschen übergeben musst. Umso wichtiger ist es, die Zeit, die Ihr zusammen verbringt, so intensiv wie möglich zu gestalten. Geht gemeinsam spielen, schwimmen, lest Bücher und entdeckt die Welt zusammen. Oftmals sind die Kleinen nach einem Tag in der Kita oder Krippe so ausgepowert, dass sie auf der Heimfahrt einschlafen. Für die Eltern muss es eine schreckliche emotionale Achterbahnfahrt sein, morgens ein müdes Kind in der

Betreuung abzuliefern und es nachmittags müde abzuholen. Lass Dich nicht von Deinen Emotionen niederstrecken, wenn Du Dich in dieser Situation befindest. Es ist hart, aber irgendwann werdet Ihr stolz aufeinander sein, wie gut Ihr das gemeistert habt.

Für die Zeit, die Ihr am Tag zusammen verbringen könnt, ist es sinnvoll, sich einen Plan zu machen, um die Aktivitäten bestmöglich zu verteilen. Gemeinsame Ausflüge wie Wandern, Schwimmen oder Radfahren, aber auch Reden, Kuscheln oder zusammen beim Musikhören einschlafen sollten gut geplant werden. Natürlich kann man nicht alles planen. Ein wenig Spontanität sollte vorhanden sein. Eine gute Idee kann eine Liste mit diversen Aktivitäten sein, aus denen Ihr auswählen könnt – vielleicht mit einem gebastelten Glücksrad oder Würfeln. Je älter Dein Kind wird, desto mehr Routine wird sich zum Beispiel durch ein festes Hobby oder durch die Schule und die damit verbundenen Aktivitäten und Freundschaften einspielen. Bleibe offen für die Vorschläge Deines Kindes.

Wie steht es hinsichtlich dieser Fragestellung, wenn Du ein Kind mit besonderen Bedürfnissen hast? In diesem Fall ist die Frage wirklich schwer zu beantworten. Denn eigentlich müsste sie lauten: „Kannst Du Deinem Kind mit seinen besonderen Ansprüchen in allen Aspekten gerecht werden, ohne Dich selbst aufzugeben?" Ebenso solltest Du aus tiefstem Herzen und ganz schonungslos die Frage beantworten, ob Du alle Skills besitzt, die zur Förderung Deines Kindes notwendig sind. Die Hilfen, die Du benötigst, gibt es und es steht Dir frei, sie anzunehmen, um Deinem Kind das bestmögliche Leben zu gewähren, das Du ihm bieten kannst. Das ist keine Schande, kein Versagen, im Gegenteil – es ist ein Zeichen von Stärke, sich selbst eingestehen zu können, dass die Aufgabe nicht allein bewältigt werden kann. Hole Dir die Unterstützung, die Ihr beide braucht. Es wird Deinem Kind helfen und Dir einige freie Momente, Erleichterung und Dankbarkeit schenken. Dankbarkeit dafür, dass Du mit dieser Aufgabe nicht allein dastehst und ein Netzwerk aufbauen kannst, das Euch beide auffangen wird.

Wenn Du auf der Suche nach einer geeigneten Betreuungseinrichtung oder Grundschule bist, beachte bitte die aktuellen Vorgaben, die diese vom Gesetzgeber erhalten. Das beginnt beim Gendern, Lernschritte wie „Schreibe, wie du es hörst" in der ersten Klasse und der frühkindlichen Sexualaufklärung, die bereits in den Kindergärten angestrebt wird. Das sind nur einige der Punkte, die in den Bildungsaufträgen festgeschrieben sind. In Kitas kann man oft schon vor der Anmeldung einen Blick in die Konzeptionsmappen werfen oder man findet auf den Websites nähere Informationen zum Umgang mit bestimmten Themen. Oft kann ein Austausch mit Eltern, deren Kinder bereits die infrage kommende Einrichtung besuchen, darüber hinaus hilfreiche Informationen liefern und eine Entscheidung dafür oder dagegen erleichtern. Nimm Dir die Zeit und informiere Dich daher eingehend, bevor Du Dein Kind anmeldest.

Kinder und Konflikte: Tipps für den Schulalltag

Natürlich kommt man nicht umhin, sich ab und an mit Erziehern, Lehrern oder Trainern auseinandersetzen zu müssen. Mal verweigert das Kind die Teilnahme an einem Projekt, mal bringt es mit frechen Antworten oder unangemessenem Verhalten andere Kinder der Gruppe gegen sich auf. In der Schule kommt es zur Verweigerung der Hausaufgaben oder die Kompetenz der Lehrer wird infrage gestellt.

Jedes Alter Deines Kindes wird neue Überraschungen für Dich bereithalten, auf die Du Dich nicht vorbereiten kannst. Du kannst lediglich versuchen, die Sache so entspannt wie möglich anzugehen. Im

Laufe der Zeit kann es durchaus mal zu Problemen zwischen Deinem Kind und einem der Pädagogen kommen. Vielleicht fühlt sich Dein Kind ungerecht behandelt oder es ist etwas vorgefallen, auf das einer der Lehrkräfte unangemessen reagiert hat. Möglicherweise hat Dein Nachwuchs aber auch etwas ausgefressen. Mein Tipp an dieser Stelle: Versuche, Dir bei Gesprächen mit anderen Eltern, auf Elternabenden, aber auch durch die Erzählungen Deines Kindes oder seiner Freunde ein Bild von dieser Person zu machen. Wie tickt sie? Auf welche Art und Weise kannst Du am sinnvollsten mit ihr sprechen, um etwas zu bewirken oder mehr herauszufinden? Aber Vorsicht ist geboten, denn nicht alle Pädagogen lassen sich gern in die Karten schauen. Bei vielen lässt sich nicht vorhersagen, wie auf Dein Anliegen reagiert wird. Sich mit ihnen zu eng anzufreunden, kann aber ebenso fatal sein. In der Schule möchte kein Kind hören, dass es nur deshalb so gute Noten schreibt, weil die Eltern mit dem Lehrer befreundet sind. Denke immer daran, dass nicht nur Du eventuelle Ungerechtigkeiten ertragen musst. Auch Dein Kind muss in der Lage sein und bleiben, diese Situation und ihre Folgen ohne Einbußen zu überstehen.

Hier ein paar Tipps, was Du bei Gesprächen mit Lehrern und Erziehern beachten solltest:

- Denke immer daran, Du weißt am besten, wie Dein Kind tickt und warum es sich wie in bestimmten Momenten verhält. Lehrer und Erzieher bekommen täglich nur einen kleinen Einblick und nur in diesem Rahmen können sie sich ein Bild von Deinem Kind machen. Manche sind empathisch genug, um die richtigen Schlüsse aus ihren Beobachtungen zu ziehen, anderen gelingt das nicht. Sei darauf vorbereitet, gegebenenfalls einzulenken und das Verhalten Deines Kindes vor dem Lehrer/Erzieher in ein anderes Licht zu rücken.

- Bereite Dich gut vor und lasse Dir vorab von Deinem Kind erzählen, was passiert ist und wer beteiligt war. Nur wenn Du die Übersicht hast, kannst Du vor den Lehrern und dem Direktor punkten und die Situation letztlich aufklären.

- Vertraue Deinem Kind. Viele Eltern haben es sich zur Angewohnheit gemacht, sofort mit einem Anwalt zu drohen, wenn ihr Kind in Schwierigkeiten ist. Dies wiederum führt dazu, dass die Schulleitung, sobald ein solches Kind in einen Vorfall involviert ist, versucht, das Problem auf die anderen Beteiligten abzuwälzen. Haben diese anderen Kinder Eltern, die kein hundertprozentiges Vertrauen in ihr Kind besitzen, kann es schnell passieren, dass Ihr den Schwarzen Peter bekommt, obwohl er Euch gar nicht zusteht.

- Natürlich kann es immer wieder geschehen, dass eine Note im Zeugnis nicht so ausfällt, wie man sich das wünscht. Versuche, mit dem Lehrer zu sprechen, wie beziehungsweise warum das geschehen konnte. Hinterfrage auch selbst genau. Hat Dein Kind womöglich Probleme mit der Lehrkraft oder kann es dem Unterricht aus anderen Gründen nicht genügend folgen? In beiden Fällen ist es möglich, Lösungen zu finden.

- Kämpfe mit angemessenen Mitteln für Dein Kind. Es ist nicht ungewöhnlich, wenn es mit dem einen oder anderen Lehrer nicht so gut zurechtkommt. Ein klärendes Gespräch kann Wunder bewirken. Doch gibt es leider auch Lehrer, die sich durch elterliche Einmischung auf die Füße getreten fühlen. Versuche, Fingerspitzengefühl dafür zu entwickeln, welcher Lehrer in welcher Kategorie einzuordnen ist.

- Suche nach einem Plan B, wenn Du bemerkst, dass das Gespräch keinen echten Erfolg bringen wird. Lehrer und Erzieher sind auch nur Menschen mit eigenen Standpunkten, Ansichten und Blickwinkeln. Es gibt Momente, in denen es besser ist, den Rückzug anzutreten und einen anderen Weg zu finden, um eine akzeptable Atmosphäre für Dein Kind zu schaffen. Nichts ist schlimmer, als einen Erzieher oder Lehrer gegen sich aufzubringen und die Situation damit noch zu verschlimmern.

• Sprich auch mit anderen Eltern aus der Gruppe oder der Klasse. Welche Erfahrungen haben sie gemacht? Vielleicht haben sie Anregungen, wie Du die Situation doch noch retten kannst.

Auch wenn es sich nicht gut anfühlt, das sagen zu müssen, aber manchmal ist eine schwierige Situation auch zum Besten des Kindes. Wie oft kann es passieren, dass die einfachste Lösung greifbar ist, wir sie aber nicht sehen können. Nicht jede schwierig erscheinende Situation schreit nach Deiner Unterstützung. Es ist gut für Dein Kind, wenn es lernen muss, für sich selbst einzustehen und eigenständig mit den Lehrern ins Gespräch zu kommen. Natürlich richtet sich dieser Hinweis nur an Eltern von älteren Kindern. Doch manchmal sind es sogar schon die Erstklässler, die uns unerwartet mit Lösungen oder einem lockeren „Mama, das habe ich schon längst allein geklärt. Es ist alles wieder gut" überraschen. Oft ist es so, dass sich die Kinder schon nicht mehr an das Problem erinnern, während die Eltern noch über einen guten Lösungsweg nachdenken – für ein Problem, das bereits nicht mehr existent ist. Da stellt sich manches Mal die Frage, ob wir Erwachsenen tatsächlich so schwergängig und nachtragend sind.

Montessori, Waldorf und andere Alternativen

Wie ich bereits erwähnt habe, gibt es immer wieder Schüler, die aus unterschiedlichen Gründen in einer Regelschule Schwierigkeiten haben. In diesen Fällen kann eine andere Schulform eine sinnvolle Alternative darstellen, um diesen Kindern die Freude am Lernen zurückzugeben. Wie ist das in Eurer Familie? Falls Dein Kind derzeit noch in den Kindergarten geht, hast Du möglicherweise schon über seine spätere Schullaufbahn nachgedacht. Habt Ihr Euch bereits entschieden, auf welche Schule es gehen soll?

In der folgenden Auflistung stelle ich Euch drei alternative Schulformen vor, die in Deutschland recht häufig – aber leider immer noch nicht flächendeckend – vorkommen.

Falls Dein Kind bereits in eine Schule geht und sich dort wohlfühlt, mag dieser Abschnitt vielleicht nicht direkt relevant, aber möglicherweise trotzdem interessant für Dich sein.

Montessori-Kindergärten und -Schulen

Die Montessori-Pädagogik wurde Beginn des zwanzigsten Jahrhunderts von Maria Montessori gegründet und beruht auf der Überlegung, das Kind in seiner Individualität sowie seine natürlichen Entwicklungsbedürfnisse und die daraus resultierenden Möglichkeiten in den Mittelpunkt zu stellen.

Den Kindern wird eine entsprechende Umgebung geschaffen, in der sie unter Anleitung speziell ausgebildeter Erzieher und Lehrer frei lernen können.

Ein Kerngedanke dieser Pädagogik ist es, dass sowohl Strafe als auch Lob schädlich für die innere Einstellung eines Menschen sind. Kinder sollen aus eigenem Antrieb heraus lernen und dadurch Motivation entwickeln.

Des Weiteren konzentriert sich dieser pädagogische Ansatz auf die Bedürfnisse und Begabungen jedes einzelnen Kindes und auf ihr soziales Lernen untereinander. Die Kinder werden dazu ermutigt, Tempo, Thema und Wiederholungen beim Lernen selbst zu steuern. Das Leitmotiv bezieht sich darauf, die natürliche Freude des Kindes am Lernen zu nutzen und weiterzuentwickeln und es in seiner Entwicklung zu unterstützen, sodass aus ihm ein eigenverantwortlicher und engagierter Erwachsener werden kann.

Leitsatz: „Hilf mir, es selbst zu tun."

Quelle:
Wikipedia. (2024, Mai 18). Montessoripädagogik. In Wikipedia. Abgerufen am 18. Mai 2024, von https://de.wikipedia.org/wiki/Montessorip%C3%A4dagogik

Waldorf – viel mehr, als nur seinen Namen zu tanzen

Die Waldorfpädagogik wurde ursprünglich 1919 für eine in Stuttgart eröffnete Betriebsschule von Rudolf Steiner entwickelt. Nach diesem Vorbild entstanden weitere Schulen innerhalb Deutschlands und später auch in anderen Ländern. Heute wird die Waldorfpädagogik in Schulen und Kindergärten weltweit praktiziert.

Das Konzept beruht im Wesentlichen auf Steiners entwickeltes anthroposophisches Menschenbild. Rudolf Steiner versuchte darin eine sogenannte soziale Dreigliederung in die Praxis umzusetzen – die Grundsätze *der Freiheit der Kultur,* die *Gleichheit in der politischen Gemeinschaft* und die *Brüderlichkeit im wirtschaftlichen Leben.*

Auf die Pädagogik bezogen findet die Dreigliederung des Menschen in *Kopf, Herz* und *Hand* statt – *Denken, Fühlen* und *Handeln.*

Quelle:

Landesarbeitsgemeinschaft der freien Waldorfschulen in Bayern e.V. (2023). Waldorfpädagogik. Abgerufen am 18. Mai 2024, von https://www.waldorf-bayern.de/index.php/ueber-waldorfpaedagogik

Bei der Waldorfpädagogik wird die ganzheitliche Entwicklung des Kindes in den Mittelpunkt gerückt. Hierbei spielen nicht nur intellektuelle Fähigkeiten eine Rolle, sondern auch künstlerische, handwerkliche und soziale Kompetenzen.

Quelle:

Akademie für Kindergarten, Kita und Hort GmbH. (n.d.). Waldorfpädagogik im Kindergarten. Abgerufen am 18. Mai 2024, von https://www.kindergartenakademie.de/fachwissen/waldorfpaedagogik/

Primusschulen, die oft noch unbekannte Alternative

Das Ziel der Primusschulen ist es, jedem Kind eine Schullaufbahn ohne Brüche zu ermöglichen und somit seine Lernentwicklung über einen Zeitraum von zehn Schuljahren zu begleiten, seine Begabungen zu fördern, seine Leistungsfähigkeit herauszufordern und seine Lernfreude zu wecken und zu erhalten.

Grundgedanke: „Eine Schule für alle."

Dieser Gedanke bedeutet, jedes Kind so, wie es ist, zu akzeptieren, zu respektieren und in die Gemeinschaft aufzunehmen, unabhängig von seinen ethischen, kulturellen, körperlichen und sozialen Voraussetzungen.

Die Pädagogik sieht vor, jedes Kind seinen Fähigkeiten entsprechend zu fördern und zu fordern, um ein individuelles und erfolgreiches Lernen zu ermöglichen.

Gelernt wird nicht in Klassen, sondern in Lerngruppen, die jeweils eine Handvoll Schüler aus zwei oder drei Jahrgängen zusammenfassen. Durchschnittlich befinden sich 24–28 Schüler in einer Lerngruppe. Es lernen also beispielsweise Kinder der ersten, zweiten und dritten Jahrgangsstufe von und miteinander. Während des Unterrichtes befinden sich immer mehrere Lehrer und Erzieher in einer Lerngruppe, um die Kinder beim Lernen zu unterstützen.

Die Fächer und Lerninhalte orientieren sich an den Lehrplänen der Gesamt- und Sekundarstufe, werden aber individueller vermittelt, als es an einer Regelschule der Fall ist. Parallel dazu gibt es halbjährlich wechselnde AG-Angebote wie beispielsweise Kochen, Nähen, Gärtnern usw., zu denen sich die Kinder anmelden können.

An der Primusschule können Schüler sowohl einen Hauptschulabschluss als auch einen Realschulabschluss mit oder ohne Qualifikation erwerben.

Anders als an Regelschulen gibt es an der Primusschule bis zur achten Klasse keine Noten und Schüler können nicht sitzen bleiben, was den Kindern viel Druck erspart. Trotzdem wird der Leistungsstand jedes Schülers regelmäßig in Form von Leistungsnachweisen und Beobachtungen ermittelt. Eltern werden schriftlich und bei Lernentwicklungsgesprächen ausführlich darüber informiert und Ziele und weitere Schritte werden gemeinsam vereinbart.

In der Primusschule wird die Selbstständigkeit der Kinder gefördert. Bereits im ersten Jahrgang lernen sie unter Anleitung, sich selbst zu organisieren.

Einmal pro Woche wird in jeder Lerngruppe ein Klassenrat abgehalten, in dem die Kinder die Möglichkeit erhalten, über aktuelle Themen zu sprechen und Kritik oder Wünsche zu äußern.

In vielen Primusschulen gibt es zudem einen Schulhund, einen ausgebildeten Therapiehund, der in den Schulalltag integriert wird. Eltern werden auch hier mit ins Boot geholt. Wer nicht möchte, dass sein Kind

Kontakt zu diesem Hund hat, kann das schriftlich mitteilen.

Im Unterricht wird gezielt auf die Fähigkeiten der Kinder geschaut, was besonders begabten Kindern, aber auch Kindern mit speziellem Förderbedarf zugutekommt. So kann ein Kind, das beispielsweise in Mathe sehr gut sind, schon den Stoff eines höheren Jahrgangs bearbeiten, damit im Unterricht keine Langeweile aufkommt. Während es in Deutsch vielleicht noch Schwierigkeiten hat und dort eine zusätzliche Förderung erhält, bis nachgewiesen ist, dass es den Stoff aufholen konnte. Ganz nach dem Motto: Wer zurückfällt, wird gefördert, nicht bestraft.

Quelle:
PRIMUS-Schule Viersen. (n.d.). PRIMUS-Schule Viersen. Abgerufen am 18. Mai 2024, von https://www.primusschule-viersen.de

Andere alternative Schulformen
Es gibt noch weitere, teilweise sehr interessante Alternativen wie beispielsweise Schulen, die nach der Reggio-Pädagogik arbeiten, die Freinet- und die Jenaplan-Schulen und viele andere. Sie alle vorzustellen, würde wohl diesen Rahmen sprengen. Wenn man im Internet nach alternativen Schulformen sucht, findet man dort eine lange Liste. Möchtest Du mehr erfahren, schaue einfach mal nach.

Freilernen – was ist das und welche Dinge sind dabei zu beachten?

Wer sich, ohne an eine Schule oder andere Bildungsinstitution gebunden zu sein, selbst organisiert und selbstbestimmt bildet, sich also theoretisches und praktisches Wissen aneignet, wird als Freilerner bezeichnet. In Europa bieten Irland, Italien und Dänemark diese Möglichkeit an. Außerhalb von Europa sind es Kanada, Mexiko, die USA, Chile, Uruguay, Südafrika, Malaysia sowie Thailand, Australien und Neuseeland.

Das Freilernen fördert die Möglichkeit, seinen Geist und seine Persönlichkeit ohne äußere Zwänge und Hindernisse zu entfalten. Aus Respekt vor der Menschenwürde und im Hinblick auf die Grundsätze der freiheitlich demokratischen Gesellschaft sollte es in jedem Land der Welt eine Option zur Ausbildung seiner Kinder sein. Leider ist das nicht der Fall. Aufgrund der gesetzlich festgelegten allgemeinen Schulpflicht ist diese Form der Ausbildung eines Kindes in Deutschland verboten, trotzdem gibt es hierzulande knapp 1000 Freilerner-Familien.

Man darf die Freilerner nicht falsch verstehen. Die Entscheidung für diesen Bildungsweg bedeutet nicht, dass das Kind keinen sozialen Anschluss findet, und es bedeutet ebenfalls nicht, dass es die verschiedenen Fähigkeiten, die ihm beigebracht werden, allein erlernen muss. Meist handelt es sich bei den Eltern um Freidenker, die ihrem Kind mehr Freiheit beim Aufwachsen und Erlernen der nötigen Sachkenntnisse geben möchten. So ist es auch nicht verwunderlich, dass sich solche Familien gern zusammenschließen, um die unterschiedlichsten Lektionen mit ihren Kindern zu erkunden. Ein wichtiges Argument für das freie Lernen ist, dass in der herkömmlichen Schule für gewöhnlich nur wenig relevante Inhalte und Fähigkeiten erlernt werden, die das Kind im Alltag braucht, wenn man von Lesen, Schreiben, Rechnen und der Fremdsprachen absieht. An vielen Regelschulen werden alltägliche Dinge wie Kochen, Handarbeiten, Werken, aber auch direkte

Lektionen vor Ort in der Natur oder dort, wo sie erledigt werden, nur unzureichend vermittelt. Als Freilerner hat man diesbezüglich ganz andere Möglichkeiten, Fähigkeiten und Wissen zu erlangen, ohne dazu gezwungen zu werden.

Sicherlich gehören zum Freilernen eine gehörige Portion Selbstdisziplin und die nötige Zeit. Das gilt sowohl für die Eltern als auch für die Kinder. Warum? Als Elternteil ist es wichtig, dass Du Dir für jeden Tag mehrere Skills heraussuchst. Vielleicht möchte Dein Kind mit Lesen anfangen und später mit Dir im Freien zum Zählen und Rechnen übergehen. Man muss gerade in den unteren Klassenstufen nicht immer alles auf einem Blatt Papier festhalten, um es erlernen zu können. Learning by Doing ist hierbei Dein wichtigster Begleiter. Kochen ist beispielsweise ein Gebiet, in dem Du mehrere Bereiche miteinander verbinden kannst. Einerseits muss Dein Kind zählen und abwiegen können. Andererseits ist es notwendig, die Zeit zu kennen, damit das Essen nicht verkocht. Biologie steht ebenfalls auf dem Plan. Die unterschiedlichen Zutaten können erklärt, abgefragt, vertieft werden. Die praktischen Fähigkeiten, wie das Essen zuzubereiten, werden ganz nebenbei zusätzlich geschult. Wird Dein Kind älter, kannst Du ihm darüber hinaus vermitteln, inwieweit ein bestimmtes Obst oder Gemüse dem Organismus besonders zuträglich ist. Somit wären wir erneut bei dem Schulfach Biologie beziehungsweise Sachunterricht gelandet.

Du siehst, es ist alles miteinander verwoben, sodass Dein Kind während des freien Lernens aus einem großen Pool an Wissen schöpfen kann. Eine wichtige Voraussetzung dafür ist natürlich, dass Du entsprechende Kenntnisse besitzt oder jemand aus Eurem Umfeld diese mitbringt, um Dein Kind unterrichten zu können.

Freilerner argumentieren damit, dass es ihnen echtes Wissen in kürzerer Zeit einbringt, wenn sie auf ihre Weise das Leben lernen. Sie bringen nicht zu Unrecht vor, dass elementare Dinge, die man im Erwachsenenalter benötigt, nur in den wenigsten Regelschulen ausreichend thematisiert werden. Grundsätzlich ist sogar davon auszugehen, dass beim freien Lernen weniger Stress entsteht, da die Kinder in ihrem eigenen Tempo, angeleitet durch die Eltern oder anderen Personen, lernen können. Klappt es mit dem einen Thema nicht, kann unkompliziert eine andere Lektion erlernt werden, ohne dass das Gesamtergebnis darunter leidet.

Selbstverständlich müssen auch Freilerner an den gesetzlich vorgeschriebenen Abschlussprüfungen für den ESA, MSA oder die Allgemeine Hochschulreife teilnehmen, wenn sie diese für ihren beruflichen Werdegang nutzen möchten. Sollten sie sich später an einer Universität einschreiben wollen, ist ein gesetzlich anerkannter Abschluss wie das Abitur eine zwingende Notwendigkeit. Oftmals kommt es daher vor, dass Freilerner sich zumindest in den Jahren der Oberstufe an einer Regelschule einschreiben. In diesen Fällen konnte man bisher feststellen, dass sie ihren Altersgenossen in nichts nachstanden. Eher war sogar zu bemerken, dass ihre Kenntnisse fundierter und praktischer waren. Kein Wunder, schließlich lernen diese Kinder nicht im Frontalunterricht, sondern mit konkreten Beispielen, wie sie an Schulen nur selten zum Tragen kommen.

Für welche Kinder ist das Freilernen besonders geeignet? Grundsätzlich lässt sich sagen, dass Kinder, die schulisch unter-, aber auch überfordert sind, sich in unserem üblichen Bildungssystem schnell verlieren können. Die einen langweilen sich, während die anderen dem Unterricht aus unterschiedlichen Gründen nicht folgen können und daher stets hinterherhinken. In vielen Fällen kann Nachhilfe eine gute Unterstützungsmöglichkeit darstellen, ebenso wie die zuvor aufgeführten alternativen Schulformen. Aber auch das Freilernen könnte eine gute Alternative bieten, denn gerade letztere Kinder können sich dabei nicht nur aufgrund ihres individuellen Tempos, sondern auch durch die praktische Anbindung und das Eins-zu-eins-Erklären leichter auf das jeweilige Thema konzentrieren. Jeder schafft die bestmöglichen

Lernbedingungen für sich selbst. Aber auch Kinder mit sozialen Problemen profitieren, wenn sie eigenständig ihren Weg gehen.

Ein weiterer Vorteil des Freilernens ist das individuelle Anpassen des Lehrplans an die Bedürfnisse, die Talente sowie die Werte, die Du Deinem Kind vermitteln möchtest. In der Regelschule sind die Fächer und deren Inhalte strikt vorgegeben. Das kann je nach Unterrichtsthema nicht nur für Dein Kind zu Stress führen, auch Du musst Dich wohl oder übel damit auseinandersetzen. Zudem ist es nicht für alle Eltern finanzierbar, in verschiedenen Fächern Nachhilfeunterricht für sein Kind zu organisieren. Beim Freilernen erhält Dein Kind den Ansporn, sich die Lerninhalte eigenständig zu erarbeiten. Ist man in einem Fach gut, kann man schneller zu einem höheren Wissensstand gelangen. In Fächern, die einem nicht so liegen, bleibt der Stand vielleicht niedriger. Dennoch gibt es dem Kind großes Selbstbewusstsein, wenn Ihr den Stoff zusammen gemeistert habt.

Freilernen ist in Deutschland verboten!

Das Problem ist wie bereits erwähnt die Schulpflicht, die in Deutschland per Gesetz besteht. Allerdings kann niemand aus den Riegen der Verantwortlichen neben den alternativen Schulformen, von denen es deutschlandweit noch nicht genügend gibt, eine Alternative anbieten. Aber nicht für alle Familien steht ein Umzug zur Debatte, wenn es in ihrer Nähe keine alternative Schulform gibt. Daher nehmen immer wieder Eltern „die Schuld" auf sich, ihre Kinder *nicht* an einer Schule anzumelden, sondern sie zu Hause zu behalten und nach ihrem eigenen Plan Wissen zu vermitteln.

Allerdings darf man an dieser Stelle nicht die Strafen vergessen, die bei einer Verweigerung der Schulpflicht drohen können. Diese variieren je nach Bundesland von einer Geldstrafe im drei- bis vierstelligen Bereich bis hin zu einer Freiheitsstrafe für die Erziehungsberechtigten von bis zu sechs Monaten. Auch eine Inobhutnahme seitens des Jugendamtes für einen begrenzten Zeitraum ist in manchen Fällen denkbar.

Homeschooling

Homeschooling kann theoretisch von jeder Schule, die eine staatliche Zulassung erhalten hat, durchgeführt werden. Es wird für gewöhnlich als zusätzliches Mittel zum regulären Unterricht eingesetzt. Insbesondere die höheren Klassenstufen profitieren von dieser Lehrmethode. Doch auch die jüngeren Kinder freuen sich über den einen oder anderen Tag des Homeschoolings. Wie man in der Corona-Pandemie sehen konnte, funktioniert das aber nur dann gut, wenn Du Deinem Kind ein stabiles soziales Umfeld bieten kannst. Das Kontaktverbot, das wir kennengelernt haben, hat uns gezeigt, dass sowohl Kinder wie auch Erwachsene den Kontakt zu Gleichaltrigen nicht nur über das Internet, sondern in natura benötigen. Ähnliches konnte auch schon in Australien festgestellt werden, wo die Kinder, die im Outback leben, ihre Lehrer überwiegend über das Internet beziehungsweise über Funk kennen. Diese Kinder haben nur den familiären Kontakt sowie den zu den Menschen aus ihrem direkten Umfeld. Sie sind in der Lage, ihre schulischen Anforderungen zu erfüllen und gute Abschlüsse zu erreichen, aber überwiegend lernen sie durch das Leben auf der Farm und von den Menschen in ihrer Umgebung. Erst wenn ein Ortswechsel zu Ausbildungszwecken stattfindet, erlernen sie den Umgang mit anderen – fremden – Menschen. Aus diesem Grund wird reines Homeschooling in Deutschland abgelehnt, denn in einem dicht bevölkerten Land ist das soziale Miteinander ein starker Grundpfeiler, der nicht unterschätzt werden sollte.

Schulwahl und Elternengagement: Ein Ausblick

Vergiss niemals, dass Dein Kind ein gewisses Mitspracherecht in puncto Schule haben *muss*. Falls Ihr bei Euch vor Ort eine Wahl habt, kannst Du vielleicht in einem ruhigen Gespräch mit ihm in Erfahrung bringen, auf welche Schule es gern gehen würde. Nehmt Euch die Zeit, genau zu überlegen, es geht um die Zukunft Deines Kindes.

Du hast Deinen Schulabschluss schon lange in der Tasche und kannst Dir nicht immer ein konkretes Bild davon machen, wie es heutzutage an den Schulen läuft. Die Kinder von heute – und das soll kein Vorwurf sein – sind anders, als wir es gewesen sind. Wenn Du das nicht glauben willst, dann frage mal in einer Schule bei Euch vor Ort nach, ob Du einen Tag dort verbringen darfst. Beginne in der ersten Klasse und gehe danach vielleicht in die vierte. Schaue Dir auch die Klassen in den weiterführenden Schulen an und achte auf die Interaktionen auf den Schulhöfen. Es gibt sehr gute Schulen, in denen alles so abläuft, wie Du es Dir wünschst, – und dann gibt es die Schulen, an denen man als Eltern gar nicht sehen möchte, was in den Pausen auf dem Schulhof passiert.

Dein Kind wird für einige Jahre auf die von Euch ausgewählte Schule gehen, daher sollte wie erwähnt unbedingt ein Mitspracherecht bestehen, und falls Ihr mit der Zeit bemerkt, dass Ihr doch die falsche Entscheidung getroffen habt, sollte auch ein möglicher Schulwechsel zum Wohle Deines Kindes in Betracht gezogen werden. Vertraue Deinem Kind, wenn es Dir von der Schule erzählt, und sei offen für eventuelle Veränderungen, damit Dein Kind später einmal auf eine schöne Schulzeit zurückblicken kann.

STRATEGIEN FÜR GELASSENHEIT UND KONSEQUENZ

Für Eltern gibt es Wörter, die sofort zu Verzweiflung oder schallendem Gelächter führen können. Zwei davon sind „Gelassenheit" und „Konsequenz". Warum diese beiden Wörter derartige Reaktionen auslösen, ist schnell erklärt. Gelassenheit ist nur selten der beste Freund der Eltern und auch mit der Konsequenz ist das so eine Sache.

Ich selbst bin ein absolut konsequentes Vorbild an Inkonsequenz. Vermutlich liegt das daran, dass ich situationsbedingt und aus dem Bauch heraus reagiere. Ich vertrete die Annahme, dass niemand jeden Tag gleich drauf ist und sich daher selbst wiederholende Situationen immer wieder neu darstellen. Wie soll ich also auf ein und dieselbe Situation täglich gleich reagieren? Zudem darf die eigene Verfassung nicht vergessen werden. An schlechten Tagen kann es passieren, dass Du nach einem harmlosen Scherz Deines Kindes wie eine Rakete in die Luft gehst – und noch bevor Du Dich in den höchsten Höhen befindest, weißt Du, dass Du schon einmal souveräner reagiert hast. Du kannst Deine Reaktion in diesem Moment zwar nicht mehr ändern, aber je nachdem, was Du mit ihr ausgelöst hast, solltest Du Dich entschuldigen.

Dennoch sollte eine gewisse Konsequenz im Alltag existieren. Hierbei geht es vor allem darum, dass einige Eckpunkte in der Erziehung eingehalten werden. Nur wenn Du bei den Themen persönliche Hygiene, Respekt anderen Gegenüber sowie dem Erledigen der erteilten Pflichten zu Hause wie auch in der Schule die notwendige Konsequenz walten lässt, kann Dein Kind herausfinden, dass gewisse Verrichtungen zwar nerven können, man sich letztlich aber gut fühlt, wenn man die tägliche

To-do-Liste abgearbeitet hat. Dass man als Eltern zudem darauf achtet, dass sich das Kind möglichst in jeder Lebenslage respektvoll anderen Menschen gegenüber benimmt, sollte eine Selbstverständlichkeit sein. Ganz anders ist es mit der Gelassenheit. Vermutlich kennst Du diese Tage, an denen Dich bereits das Aufstehen und der Blick in den Spiegel zum Ausrasten bringen könnten, wenn Du nicht so eine gute Selbstbeherrschung hättest. In solchen Momenten fällt es besonders schwer, sich nicht aus der Ruhe bringen zu lassen, wenn sich Dein Kind wieder etwas Tolles ausgedacht hat, um dir „graue Haare wachsen zu lassen". Manchmal hilft in dieser Situation nur noch das tiefe und bewusste Ein- und Ausatmen. Diese Tiefenatmung beruhigt zumeist schnell, und wenn Du deutlich hörbar atmest, bekommt auch Dein Kind mit, dass es Dich gerade auf die höchste Palme getrieben hat. Mit etwas Glück bewirkt das, dass Dein Kind zu Dir kommt und Dich fragt, was passiert ist. So kannst Du darauf einsteigen und die Situation in Ruhe klären. Wenn es so klappt, wie Du es Dir erhoffst, wird Dein Kind Dir auf seine Weise zeigen, dass es nicht mag, wenn Du schlecht drauf bist. Das bedeutet zwar nicht, dass es nicht noch einmal geschehen wird. Aber Dein Kind wird vermutlich seine Schlüsse daraus ziehen und sein Verhalten (bedingt) anpassen.

Erwartungsmanagement in der Erziehung

Schraube Deine Erwartungen herunter. Nicht alle Kinder können hochintelligente Überflieger sein. Und das ist gut so. Jedes Kind hat sein individuelles Potenzial, aber auch seine persönliche Geschwindigkeit, in der es sich entwickelt. Mach Deinem Kind und Dir keinen Stress, indem Du versuchst, ihm dieses Tempo und seine Vorlieben vorzugeben. Das funktioniert zwar eine Zeit lang, doch es wird für Euch beide zu Belastungen und Auseinandersetzungen führen. Zudem wirst

Du Deinem Kind auf diese Weise oft das Gefühl der Unzulänglichkeit geben, das Du gleichermaßen erlebst, weil Du Dich selbst infrage stellen wirst, da es Dir nicht gelingen wird, Dein Kind nach Deinen Wünschen zu erziehen. Doch Erziehung ist kein Wunschkonzert. Du kannst nur mit dem arbeiten, was Dir angeboten wird – dem Potenzial und dem Tempo Deines Kindes. Um Dich geht es in dieser Erziehung nicht, zumindest nicht vorrangig. Es geht um Dein Kind. Lasse überzogene Erwartungen und Anforderungen fallen. Das nimmt den Druck aus vielen Situationen.

Die 11er-Regel

Kennst Du schon die 11er-Regel? Hierbei handelt es sich um eine Kombination aus Atmung und körperlicher Reaktion. Atmest Du bewusst und tief in den Bauch hinein, wird Stress in jeder einzelnen Zelle des Körpers abgebaut. Das liegt daran, dass sich das Zwerchfell weit in den Bauchraum hinein ausdehnt und mehr Platz für die Lunge schafft. Das führt dazu, dass diese die eingeatmete Luft bis in die tiefsten Bronchien transportieren kann. Somit wird der Körper mit wesentlich mehr Sauerstoff versorgt als bei der flachen Lungenatmung. Insbesondere die Gehirnzellen profitieren von dieser erhöhten Sauerstoffzufuhr und Du kannst Dich besser konzentrieren. Im Falle einer Stresssituation gelingt es Dir so, ruhiger zu bleiben. Wenn Du die Bauchatmung elfmal durchführst, kannst Du bewusst dafür sorgen, dass Deine Schultern bei jedem Ausatmen entspannen und nach vorn fallen. In dieser Position ist es nicht mehr möglich, explosiv zu reagieren. Du wirst Deinem Kind ruhiger und deutlich gefasster gegenübertreten. Diese Methode kannst Du auch in anderen Situationen gewinnbringend einsetzen, um entspannter zu reagieren.

Andere Optionen für eine Auszeit

Das kleine Päuschen zwischendurch:
Egal, wie kooperativ sich Dein Kind zeigt, kleine Pausen zwischendurch sind notwendig. Du kannst Dir zum Beispiel nach jeder großen oder nach mehreren kleinen Aufgaben eine Kaffee- oder Tee-Pause gönnen. Diese kurze Auszeit aber gehört allein *Dir*. Dein Kind darf Dich in dieser Zeit nicht stören. Sollte es ein Anliegen haben, kann es sich merken oder aufschreiben, was es von Dir wollte. Natürlich ist das etwas, das geübt werden muss. Anfangs ziehst Du das vermutlich nur ein paar Minuten durch und steigerst die Zeit täglich um ein oder zwei, bis Du bei der Zeitspanne angelangt bist, die Du Dir als Pause vorgestellt hast – vielleicht 20 oder 30 Minuten? Wichtig ist aber, dass es auch bei einem solchen Ritual Ausnahmen zum Wohle Deines Kindes geben sollte. In Notfällen sollte es wissen, dass es immer zu Dir kommen und Dich in deiner Auszeit unterbrechen darf, wenn möglicherweise irgendetwas passiert ist oder es sich wehgetan hat und Trost braucht. Es ist wichtig, diese Rahmenbedingungen genau durchzusprechen, damit Dein Kind nicht irgendwann in der Situation ist, doch spontan Deine Hilfe zu benötigen, sich aber nicht traut, Dich zu „stören". Ist Dein Kind vielleicht noch klein, ist all das nur bedingt durchführbar. Dann mag es sinnvoller sein, diese kleinen Pausen auf den Zeitraum zu verlegt, in dem es schläft. In diesen Phasen kannst Du Deine Pause sogar ein wenig ausdehnen, falls Du mehr Ruhe brauchst.

Tanzen:
Tanzen geht immer und das Beste ist, dass Du Dein Kind daran beteiligen kannst. Nimm es auf den Arm, fass es an den Händen oder lass es im Freestyle mithüpfen. Es ist fantastisch zu sehen, wie ein Kind auf die Musik und die Bewegungen reagiert. Die Musikrichtung spielt dabei keine Rolle, aber etwas Rhythmisches wäre von Vorteil. Sollte

Dein Kind Dich auslachen, weil Deine Bewegungen ihm merkwürdig erscheinen, lache mit ihm. Vielleicht wird es das nächste Mal mitmachen wollen. Gemeinsam ein bisschen Quatsch zu machen, ist etwas Tolles und hinterher habt Ihr beide aufgestauten Stress abgebaut und Spaß gehabt.

Singen:
Singen ist ein ähnliches Mittel, um Stress abzubauen und ein Päuschen einzulegen. Ob Du Dich auf Kinderlieder oder einen flotten Popsong einlässt, ist Dir überlassen. Nicht alle Eltern können bei Kindermusik entspannen. Aber probiere es aus, das Singen wird Dich mit frischem Sauerstoff versorgen und Deine Anspannung minimieren. Natürlich ist nicht jeder Gesang schön, aber darum geht es nicht. Es geht um das Loslassen. Auch hierbei ist es sehr wahrscheinlich, dass Dein Kind nach kurzer Zeit mitmachen wird. Solltet Ihr mit Eurem Gesang die Nachbarn verärgern, habt Ihr direkt eine neue Herausforderung – backt zur Entschuldigung einen Kuchen und bringt ihn gemeinsam rüber. Vielleicht werdet Ihr ja sogar zum anschließenden Kuchenessen eingeladen. Eine weitere Möglichkeit zur Entspannung.

Gezielte Auszeiten durch Sport:
Wenn Du jemanden findest, der ab und an oder im Idealfall sogar regelmäßig an einem bestimmten Wochentag auf Dein Kind oder Deine Kinder aufpasst, bietet sich auch Sport als Auszeit an. Das hat den zusätzlichen Nutzen, dass Du etwas für Deine Gesundheit und Fitness tust. Wie wäre es zum Beispiel mit Joggen, Walken oder Schwimmen? Oder warst Du schon mal in einer Kletterhalle klettern oder bouldern? Beim Klettern kann man wunderbar vom Alltagsstress abschalten, weil jeder Schritt und Griff mit Bedacht gewählt werden muss. Das erfordert einen gewissen Fokus und das Gedankenkarussell wird ausgeschaltet. Ein weiterer positiver Nebeneffekt ist, dass Sport Glückshormone

freisetzt, die für gute Laune und Entspannung sorgen. So kannst Du im Anschluss viel gelassener zurück in Deinen Alltag gehen.

Je nach Sportart und Alter Deines Kindes kannst Du es aber auch zum Training mitnehmen, wenn Du möchtest. Vor Ort wird es für Dich vielleicht weniger entspannend sein, aber Spaß machen kann es Euch beiden trotzdem und im Anschluss ist Dein Nachwuchs vermutlich richtig ausgepowert und verschwindet an diesem Tag früher in seinem Bett, sodass Du im Anschluss noch ein bisschen Zeit für Dich hast ...

Saunieren mit oder ohne Kind:
Nicht jeder verträgt einen Saunagang, aber wenn Du zu den Menschen gehörst, die gern in die Sauna gehen, oder Du es mal ausprobieren möchtest, kann ein Nachmittag dort sehr entspannend sein. Schon kleine Kinder dürfen mit in die Sauna – nicht so lange am Stück, versteht sich. Insofern Du und Dein Kind dazu Lust habt, könnt Ihr also auch das gemeinsam ausprobieren. Frage aber am besten zuvor bei dem Betreiber nach, ab welchem Alter Kinder in seiner Anlage erlaubt sind.

Tai-Chi, Yoga und Qigong:
Alle drei Sportarten sind gut für die körperliche Fitness, steigern nachweislich unser Wohlbefinden, beugen Verspannungen vor und verbessern unsere Körperhaltung. Durch die dazugehörigen Atemübungen und die langsamen und oftmals fließenden Bewegungen lernt unser Körper, aktiv zu entspannen.
Wer sich darauf einlassen kann, hat hier eine wunderbare Möglichkeit zum Abschalten gefunden, die alle drei Sportarten miteinander vereinen, ganz gleich, für welche davon man sich entscheidet.
Der Vorteil ist, man braucht dafür nicht mehr das Haus zu verlassen, wenn man die Übungen einmal erlernt hat. Sie lassen sich problemlos auf einer Matte im Schlafzimmer oder, falls vorhanden, im heimischen Garten durchführen.

Vielleicht kaufst Du direkt zwei Matten? Dein Kind wird Dir bestimmt gern Gesellschaft leisten – und anschließend gönnt Ihr Euch zusammen eine kleine Stärkung, wie wäre es?

Ruheinseln:
Wenn Du gemeinsam mit Deinem Kind eine Auszeit anstrebst, kann auch eine Ruheinsel eine tolle Sache sein. Macht es Euch dazu irgendwo so richtig gemütlich. Vielleicht könnt Ihr Euch aus Decken ein Zelt bauen oder Ihr kuschelt Euch zusammen aufs Sofa oder ins Bett. Hört schöne Musik, ein Hörspiel oder lest zusammen in einem Buch. Wichtig dabei ist, dass Ihr ungestört Eure gemeinsame Zeit verbringt – ohne Handy, Fernseher oder andere Störungsquellen. Und ohne Zeitdruck. Wenn Du alle paar Minuten auf die Uhr schaust, weil Du nachher noch einen Termin hast, kann sich keine gemütliche Atmosphäre einstellen. Ruheinseln sorgen nicht nur für eine gemeinsame Entspannung, sondern fördern zudem Eure Bindung und laden ganz nebenbei durchs „Nähetanken" auch Deinen Akku wieder auf.

Alte Hobbys wiederentdecken:
Du hast früher gern und viel gelesen, bist aber in den letzten Jahren zu selten dazu gekommen? Reflektiere einmal, woran das liegt, und überlege Dir, ob Du daran etwas ändern möchtest. Ein Buch lässt sich tatsächlich in den hektischsten Alltag integrieren, auch wenn wir uns anfangs ganz bewusst dazu entschließen müssen. Jeden Tag ergeben sich ein paar Minuten, die man zum Lesen nutzen kann – und wenn es die letzte halbe Stunde vor dem Einschlafen ist. Suchst Du Dir ein gutes Buch aus, in das Du schon lange eintauchen wolltest, wird das Lesen schnell wieder zu einem Ritual in Deinem Alltag werden – Du musst Dich nur dazu entschließen anzufangen.
Falls Deine Augen abends Probleme machen oder Du über Tag doch keine regelmäßige Gelegenheit zum Lesen findest, können Hörbücher

eine großartige Alternative darstellen. Damit geht sogar die Hausarbeit wie lästiges Bügeln sehr viel leichter von der Hand.

Vielleicht hast Du früher aber auch gern gemalt und hast Lust, auch heute wieder den Pinsel zu schwingen? Malen kann sehr entspannend sein, es lenkt vom Alltagsstress ab und man schafft sogar noch etwas Kreatives, das man hinterher verschenken oder an die eigene Wand hängen kann. Wer mag, kann auch dieses Hobby gemeinsam mit seinem Kind ausleben. Zusammen eine große Leinwand zu gestalten, schafft Nähe, macht Spaß und kann für alle gleichermaßen sehr erfüllend sein.

Hast Du Dich schon entschieden, was Du ausprobieren möchtest oder kamen Dir beim Lesen dieser Vorschläge noch weitere Ideen? Egal, ob Du von nun an einer regelmäßigen Freizeitaktivität nachgehen oder nur ab und zu etwas zum Stressabbau machen möchtest, ob Du lieber allein oder gemeinsam mit Deinem Kind aktiv entspannen magst, ich bin mir sicher, dass Du genau das Richtige für Dich finden wirst. Überlege Dir in Ruhe, was zu Dir oder zu Euch passen könnte und teste es aus. Du wirst sehen, dass Du Deinen Alltag in Zukunft viel entspannter meistern wirst.

Der Druck, perfekt zu sein – perfekte Eltern gibt es nicht

An dieser Stelle möchte ich den Druck von Deinen Schultern nehmen, den wohl alle von uns mit sich herumtragen. Perfekte Eltern gibt es nicht. Vielleicht gibt es verschiedene Exemplare, denen es leichter fällt, ihr Kind in der gewünschten Weise zu erziehen. Aber auch bei ihnen läuft nicht alles glatt. Sie tragen es vermutlich nur nicht nach außen. *Alle* Eltern machen Fehler. Das lässt sich nicht vermeiden. Dabei ist es unerheblich,

ob Du Dein Kind ausschließlich selbst betreust oder andere beteiligt sind. Rufe Dir diese Erkenntnis ins Gedächtnis, wenn Du wieder einmal daran zweifelst, ob Du der Elternschaft gewachsen bist. Das Tolle an Erziehung ist, dass auch Du die Chance hast, täglich dazuzulernen.

Außerdem ist es, wie bereits erwähnt, wichtig, dass Du die Größe entwickelst, Dich für gemachte Fehler bei Deinem Sprössling zu entschuldigen. Niemandem fallen Entschuldigungen leicht, aber wenn Du feststellst, dass Dein Kind Deinem Willen, Fehler zuzugeben, wohlwollend gegenübersteht, wird es einfacher.

Hier ein kleines Beispiel: Nehmen wir einmal an, dass Du gestresst von der Arbeit nach Hause kommst und Dein Kind Dir eröffnet, dass es das Schuljahr nicht schaffen wird. Du bist mit den Gedanken überhaupt nicht bei der Sache und hörst nur „Sitzenbleiben". In Sekundenschnelle wird ein Schalter in Deinem Gehirn umgelegt und Du lässt eine Schimpftirade auf Dein Kind nieder. Warum? Ihr habt doch so viel gearbeitet. Stubenarrest? Handyverbot? Lerncamp in den Sommerferien? Kein Wunder, dass Dein Kind den Kopf einzieht und sich in seinem Zimmer verbarrikadiert. Du selbst kannst die vermeintliche Blamage nicht begreifen. Nach einiger Zeit wird Dir aber bewusst, was Du gemacht hast. Auch erinnerst Du Dich schlagartig an Deine eigene Situation in diesem Alter. Denn auch Du hast nicht nur gute Schuljahre absolviert. Dir bleibt nichts anderes übrig, als Dich bei Deinem Kind zu entschuldigen. Natürlich könnt Ihr zusammen über das schlechte Ergebnis traurig sein. Ihr dürft auch gemeinsam weinen oder die Lehrer in die Hölle wünschen. Danach lasst Ihr ein paar Tage Gras über diese Angelegenheit wachsen. Habt Ihr Euch mit der Situation abgefunden, ist immer noch ausreichend Zeit, um einen Schlachtplan für das nächste Schuljahr auszuarbeiten. Selbstverständlich kann man auch über Nachhilfe oder andere Optionen zur Verbesserung der Noten nachdenken. Wichtig in dieser Situation ist aber, dass Du Deinen Gefühlsausbruch zugibst und die Entschuldigung von Deinem Kind angenommen wird.

In jedem Lebensbereich kann es Schwierigkeiten geben. Wer hat nicht ab und an Probleme, sein Kind rechtzeitig ins Bett zu bekommen oder ihm gesunde Mahlzeiten schmackhaft zu machen? Versuche, solche Situationen lockerer zu sehen. Auch bei Dir wird es vermutlich früher nicht anders gewesen sein. Falls Du doch ein sehr artiges Kind gewesen bist, hinterfrage mal, warum Du alle Anweisungen Deiner Eltern so exakt wie möglich ausgeführt hast. Hattest Du Angst vor bestimmten Reaktionen? Wenn ja, vor welchen? Findest Du hierauf eine Antwort, wirst Du verstehen, warum es besser ist, dass Dein Kind manchmal gegen Dich aufmuckt, anstatt alles, ohne es zu hinterfragen, für Dich auszuführen. Natürlich sollten die von Euch gesetzten Grenzen dabei eingehalten werden.

Es wird Dir nicht in jedem Lebensbereich leichtfallen, entsprechende Lösungen zu finden. Befindest Du Dich gerade in einer emotionalen Schieflage, wird fast jedes Problem zu einer schweren Herausforderung. Bist Du dauergestresst von Deiner Arbeit, kann die einzige Möglichkeit ein Jobwechsel sein. Nicht immer ist die Lösung zwischen Dir und Deinem Kind zu suchen. Oftmals liegt sie außerhalb. Um das herauszufinden, ist es sinnvoll, einen Schritt zurück zu machen, um einen anderen Blickwinkel auf die Situation zu erhalten. Die Meinungen von Außenstehenden können ebenfalls eingeholt werden. Jemand Neutrales kann eine solche Angelegenheit oft besser überschauen.

Ein emotionales Reagieren ist *immer* der falsche Berater. Gesteuert von unseren Gefühlen lassen wir uns zu Aussagen hinreißen, die wir nicht so meinen und unter anderen Umständen nicht gesagt hatten.

Selbstvergebung und Selbstfürsorge als wichtiger Teil der Elternschaft

Selbstvergebung ist ein Begriff, den die meisten Eltern nicht in ihrem Repertoire aufgenommen haben, was wirklich schade ist. Eltern sind wie bereits erwähnt auch nur Menschen. Das bedeutet, dass auch sie in allen Lebensbereichen Fehler machen (dürfen). Fehler sind allerdings kein Grund zu verzweifeln, sie sollen uns vielmehr auf andere Optionen aufmerksam machen.

Hast Du einen Fehler gemacht, gestehe ihn Dir ein. Wenn es nötig ist, entschuldige Dich bei Deinem Kind und in einer ruhigen Minute, vielleicht vor dem Schlafengehen, vergibst Du Dir diesen Fehler. Denn wenn Du es nicht tust, wirst Du ihn Dir für einen langen Zeitraum vorwerfen, womöglich sogar dauerhaft. Vielleicht werden aus diesem Fehler andere entstehen, weil Du übervorsichtig, rechthaberisch oder unbedacht wirst. Wo gehobelt wird, fallen Späne. Was macht man damit? Man räumt sie weg und beginnt von Neuem. Damit Du aber erneut beginnen kannst, musst Du Dir verzeihen, reflektieren, wie es zu diesem Fehler kommen konnte, in Ruhe überlegen, wie du ihn zukünftig vermeiden kannst und Dir schließlich selbst einen neuen, besseren Versuch genehmigen. Wenn Du diese Übung einige Male mit Erfolg durchgeführt hast, wirst Du sehen – wirst Du fühlen –, dass dieser Weg zwar nicht der einfachste, aber der angenehmste ist. Deshalb stürze Dich ins kalte Wasser und probiere es aus. Danach hake diesen Fehler in deinem Kopf ab. Denke nicht mehr daran zurück und versuche, es beim nächsten Mal besser zu machen.

Der Weg zu mehr Selbstfürsorge – Mama und Papa brauchen „Me-Time"

Wie Du bereits gelesen hast, ist es wichtig, dass Du Dir als Mama oder Papa immer mal wieder eine Auszeit gönnst, um Deinen Alltag zu bestreiten. Aber um Dir diese Auszeit nehmen zu können, ist es unerlässlich, dass Du Dein Kind mit ins Boot holst. Es muss die Notwendigkeit dahinter verstehen lernen und begreifen, dass auch Du ab und an „Me-Time" benötigst.

Bei kleinen Kindern ist das nicht so einfach, da sie Dich noch nicht wirklich verstehen. Daher solltest Du, wenn Dein kleines Kind schläft, nicht zum Putzteufel mutieren, sondern lieber Dein Buch hervorholen, vielleicht eine Tasse Tee aufbrühen oder Dir einen Kaffee kochen und Dich für eine halbe Stunde zum Lesen hinsetzen. Muss Dein Kind danach noch nicht geweckt werden, hast Du immer noch Zeit, um einige Arbeiten zu erledigen. Natürlich kannst Du das zeitlich auch umdrehen, damit Du erholt bist, sobald Dein Kind aufwacht. Auf diese Weise könnt Ihr gemeinsam und frisch ausgeruht in die nächste Runde starten.

Ist Dein Kind alt genug, um zu verstehen, dass Du regelmäßig Pausen brauchst, ist es an der Zeit, dass Ihr Euch zusammensetzt und die Angelegenheit – kindgerecht – besprecht. An diesem Punkt bleiben viele Eltern stecken, denn sie wissen nicht, wie sie es ihrem Kind sagen sollen. Natürlich gibt es die sehr empathischen Kinder, die sofort bemerken, wenn mit den Eltern etwas nicht stimmt. Wenn Mama oder Papa sagt, dass sie oder er eine Pause braucht, werden sich solche Kinder vermutlich ohne zu nörgeln, in die Spielecke oder das Kinderzimmer zurückziehen und sich leise beschäftigen. Allerdings sind das eher die Ausnahmen, denn die meisten Kinder finden es klasse, wenn die Mutter oder der Vater den ganzen Tag mehr oder weniger sichtbar um sie herumwirbelt, und suchen ihre Nähe. Deshalb ist es wichtig, dass Kinder von Anfang an lernen, dass eine Familie, egal aus wie vielen Personen sie besteht, eine Gemeinschaft ist, in der jeder für jeden einsteht, wenn es nötig ist. Nur so ist es möglich, dass es allen Mitgliedern dieser Gemeinschaft gut geht. Schritt für Schritt kannst Du schon kleinen Kindern erklären, wie und warum Du als Elternteil gut für Dich sorgen musst. Je stärker die Verbindung zwischen Euch ist, desto leichter kannst Du Deinem Kind näherbringen, dass Du fünf Minuten für Dich allein brauchst, und desto einfacher kann Dein Kind seinerseits ein Nein oder die Bitte, einen Moment zu warten, verkraften. Es weiß, dass es nicht weggestoßen wird, sondern Du später auf sein Bedürfnis zurückkommen wirst. Und Dir gibt es die Zeit durchzuatmen, zu meditieren oder einfach für eine Weile nichts zu machen.

Einige Beispiele:

- Du bist sehr hungrig und merkst, dass Du etwas essen musst, damit Du wieder ausgeglichen bist. Und genau das solltest Du Deinem Kind mitteilen: „Weißt du, wenn ich jetzt nichts esse, bekomme ich schrecklich schlechte Laune. Dann mag ich nicht mehr mit dir spielen und vielleicht fange ich sogar richtig doll an zu schimpfen, obwohl gar nichts los ist. Du kennst es ja selbst, oder? Mit leerem Magen ist man einfach nicht gut drauf. Lass mir ein paar Minuten Zeit für mein Essen und danach bin ich wieder für dich da." So ähnlich könntest Du es ausdrücken. Dein Kind wird es verstehen. Alternativ kannst Du Deinem Kind auch anbieten, dass Ihr Euch gemeinsam etwas Leckeres macht, und je nach Alter möchte es Dir bei der Zubereitung vielleicht sogar zur Hand gehen.

- Du hattest einen sehr ereignisreichen Tag und Dir schwirrt viel im Kopf herum. Deshalb kannst Du Dich auf das Frage-und-Antwort-Spiel heute nicht einlassen. Mit viel Glück hast Du ein passendes Buch zur Hand, sodass sich Dein Kind zumindest mit dem Thema, das Ihr ausgewählt habt, beschäftigen kann. So ist es Dir möglich, in dieser Zeit Deinen Gedanken nachzuhängen und sie zu ordnen. Will sich Dein Kind nicht darauf einlassen, könnt Ihr zusammen in die Wolken starren und Bilder darin suchen. Dein Geist beruhigt sich und Dein Kind kommt ebenfalls für einen Moment zur Ruhe.

- Bitte Dein Kind bei kleineren Dingen um Unterstützung. Auf diese Weise lernt es schon früh, dass es leicht ist, den Tisch zu decken oder etwas wegzuräumen. Außerdem schult es die Feinmotorik und je nachdem sogar das Gleichgewicht, wenn Dein Kind etwas aus der Küche hinüber zum Esszimmertisch tragen muss, und das Zählen wird ebenfalls trainiert. Ihr habt also beide etwas davon. Erkläre ihm, dass es Dich bei Deiner Arbeit unterstützt, sodass Ihr schneller fertig werdet und im Anschluss wieder etwas Schönes zusammen machen könnt. Mit zunehmendem Alter werden auch die Aufgaben wachsen, sodass nicht alles an Dir hängen bleibt.

- Auch wenn Du noch so talentiert bist – Multitasking ist selten sinnvoll, denn der Mensch ist nur sehr bedingt dazu fähig. Machen wir mehrere Dinge parallel, geht schnell etwas schief oder wird nicht so, wie wir es geplant hatten. Bringe Deinem Kind, aber auch Dir selbst, daher bei, dass man sich auf eine Aufgabe konzentriert, sie beendet und sich danach eine kleine Pause gönnen darf. Zählst Du die Pausen des Tages zusammen, wirst Du feststellen, dass Du relativ viel Zeit zum Durchatmen hattest.

- Wenn Du einen Partner oder eine Partnerin hast oder vielleicht die Großeltern in der Nähe wohnen, kann auch ihre Unterstützung für zusätzliche „Me-Time" sorgen. Die Großeltern gehen heute vielleicht mal mit Deinem Kind ins Kino oder Dein Partner / Deine Partnerin kocht mit Eurem Nachwuchs das Abendessen, während Du Dir eine

Auszeit gönnst, eine Runde durch den Park joggst oder im Garten in der Sonne ein schönes Buch liest, um die Batterien wieder aufzuladen.

Abschließend kann ich Dir noch den Tipp geben, lege Dir ein dickes Fell zu. Es ist nicht immer einfach, sein Kind um Geduld oder Verständnis für die eigene Situation zu bitten. Erst wenn es älter ist, wird es verstehen, warum es auch den Eltern gut gehen muss, damit es selbst eine schöne Kindheit erleben kann. Deine Lektion lautet, dass Du schlicht und ergreifend nicht immer zur Verfügung stehst, auch wenn Du Dich direkt im Raum oder nebenan befindest. Kindgerechte Erklärungen reichen manchmal nicht, denn Kinder können kleine Erpresser sein. Lass Dich dadurch aber nicht von Deiner „Me-Time" abbringen. Was sich zunächst falsch anfühlt und Dir vielleicht ein schlechtes Gewissen bereitet, wird sich schnell als richtig erweisen und ein gutes Gefühl bei Dir hinterlassen. Und Dein Kind wird merken, dass Du als Mama/Papa einfach besser drauf bist, wenn Du aus der „Me-Time" wieder zu ihm kommst. Vertraue Deinem Kind und beginne, auch an Deine Bedürfnisse zu denken.

Die Balance zwischen Freiheit und Grenzen – Kind sein dürfen in der Öffentlichkeit

Kinder sind Kinder und zwar 24/7. Schaust Du Dich aber in der Öffentlichkeit um, so werden Dir viele Kinder begegnen, die stets darauf bedacht sind, auf ihre Eltern zu achten und sich genauso zu benehmen, wie die es sich wünschen.

Ein Beispiel dazu: Du bist mit Deinem Kind beim Arzt, der im Wartezimmer tolle Spielkisten für seine kleinen Patienten aufgestellt hat. Dein Kind vertieft sich in den Inhalt und fängt an zu spielen. Was natürlich nicht immer geräuschlos vonstattengeht. Was tust Du? Regulierst Du Dein Kind, damit es leise vor sich hin spielt, um die anderen Patienten nicht zu stören? Bittest Du es, leiser zu sein, um beiden Parteien gerecht zu werden? Oder nimmst Du es von den Spielkisten fort? Orientiere Dich in einer solchen Situation an den Bedürfnissen, die gestillt werden müssen – sowohl das Bedürfnis Deines Kindes nach Beschäftigung als auch das Bedürfnis der anderen Patienten nach ein wenig Ruhe.

Oft sehen wir Kinder, die sich plötzlich auf dem Schoß ihrer Eltern wiederfinden und dort still verharren müssen und nur die wenigsten Eltern können ein tolles Kinderbuch aus der Tasche zaubern, um den Kleinen die Wartezeit zu versüßen. Es steht doch nirgends geschrieben, dass Kinder in Stille verfallen müssen, nur weil fremde Erwachsene anwesend sind.

Natürlich darf man an dieser Stelle die Persönlichkeit des jeweiligen Kindes nicht außer Acht lassen. Sehr schüchterne Kinder werden vermutlich eher die Nähe ihrer Eltern suchen, als die Spielkiste zu inspizieren, wenn andere Erwachsene oder besonders extrovertierte Kinder dazustoßen.

Du als Mama oder Papa kannst am besten einschätzen, wie Dein Kind tickt und was es in diesem Moment braucht. Lass Dich von deiner Intuition leiten.

Ein weiteres Beispiel: In der Fußgängerzone ist nicht viel los, als Du mit Deinem Kind durchschlenderst. Daher beginnt Dein Kind ein Spiel, bei dem man nicht auf die Plattenfugen treten darf. Es vergisst sich so sehr darin, dass es nicht mehr auf die wenigen Passanten achtet, und stößt aus Versehen mit jemandem zusammen. Prompt darfst Du Dir anhören, warum Du Dein Kind nicht unter Kontrolle hast. Lass Dir nichts einreden. Dein Kind hatte seinen Spaß. Ihr entschuldigt Euch zusammen für das Anrempeln, das reicht vollkommen. Für die schlechte Laune anderer Menschen könnt Ihr nichts.

Wie viel Kind darf Dein Kind in der Öffentlichkeit sein? Hilft es Dir im Supermarkt, die verschiedenen Waren zu erkennen und in den Einkaufswagen zu legen oder hat es sich still zu verhalten und hinter Dir herzugehen? Die wichtigen Fragen an dieser Stelle lauten: Wie sehr benötigt Dein Kind Beschäftigung als Einbeziehung in den Vorgang des Einkaufens? Und wie viel Zeit steht Dir heute zur Verfügung, um diese Aufgabe zu erledigen?

Natürlich soll Dein Kind lernen, wie man einkauft. Es soll die Waren kennenlernen und verstehen, wie man bezahlt. Doch ein Supermarkt ist kein Spielplatz, auch werden Waren nicht wahllos aus den Regalen geholt und irgendwo anders abgelegt. Du bist dafür verantwortlich, den perfekten Mittelweg für Euch beide zu finden. Am besten kannst Du das angehen, indem Du Dein Kind schon früh an das Einkaufen gewöhnst und ihm vieles dabei erklärst. Auch die Begrenzungen, die ein Einkauf mit sich bringt, kann es dadurch früh erfahren. Man muss zudem nicht alles kaufen, was man sieht. Ein gezieltes Nein kann viel Stress im Keim ersticken. Dieses Nein bezieht sich nicht nur auf das Verhalten Deines Kindes, auch wohlmeinende Erwachsene müssen mitunter freundlich, aber energisch in ihre Schranken verwiesen werden. Verbietest Du Deinem Kind Süßwaren, ist das Deine Entscheidung. Einmischungen wie „Das arme Kind darf auch gar nichts Gutes bekommen" muss man sich nicht gefallen lassen.

Wichtig ist auch, dass Dein Kind alle Fragen stellen darf, die mit dem Einkaufen verbunden sind. Es ist für Euch beide einfacher, sie vor Ort zu klären, als später zu Hause.

Ein Kind darf und sollte in der Öffentlichkeit ein Kind bleiben und nicht ein zu klein geratener Erwachsener werden. Kinder können manchmal ein wenig lauter, überschwänglicher, ruppiger und wilder sein als wir. Kein Grund, sie an die kurze Leine zu nehmen. Die lange Leine tut es meist auch. Wichtig ist, dass Du Deinem Kind von klein auf zeigst, wie weit es gehen darf, damit es auf Dich hört, wenn es darauf ankommt.

Denn manchmal gibt es Gefahrensituationen, in denen es schnell gehen muss und in denen Du Dich darauf verlassen können solltest, dass Dein Kind reagiert, wenn Du Halt oder Stopp rufst.

Nimm zum Beispiel die Situation, wenn Ihr zusammen aus dem Supermarkt kommt. Dein Kind rennt in Richtung Parkplatz und dort setzt gerade ein Auto zurück. Wenn es in solchen Momenten sofort auf Deinen Ruf hört und stehen bleibt, kann es in anderen Augenblicken ruhig mal etwas wilder sein, oder? Lass Dich nicht beirren. Es gibt nur einen einzigen guten Weg, Deinem Kind zu zeigen, was es darf und wo es über die Stränge schlägt – indem Ihr diese Situationen zusammen durchlebt und Du es bei Bedarf korrigierst. Im Idealfall hat es sich an Deinem Verhalten orientiert und weiß intuitiv, wo sich die Grenze befindet.

Schwierig wird es allerdings, wenn Dein soziales Umfeld und Du unterschiedliche Ansichten von den vorhandenen Grenzen habt. So ist es bei mir gewesen. Ich bin recht frei aufgewachsen und habe nur wenige Begrenzungen kennengelernt. Da ich aber schüchtern war, habe ich mir immer erst angeschaut, wie andere Kinder und Erwachsene mit der jeweiligen Situation umgingen, und dann für mich eine passende Reaktion gesucht und gefunden. In meinem Umfeld befinden sich jedoch überwiegend Personen, denen schon recht früh aufgezeigt wurde, wie man sich als „wertvolles Mitglied" der Gesellschaft verhält. Du kannst Dir vorstellen, dass die Idee einer freien Erziehung in dieses Bild zunächst nicht hineingepasst hat, und doch haben meine Kinder überall nur positive Ruckmeldungen hervorgebracht. Zu Hause, so haben wir es vereinbart, können sie sich frei bewegen, denn hier sollte für sie der „sichere Hafen" sein. Diese Vereinbarung gilt aber nur, wenn sie sich an anderen Orten angemessen verhalten. Was das bedeutet, definierst Du zunächst für Dich selbst und vermittelst diese Definition anschließend Deinem Kind.

Die perfekte Balance zu halten, ist oft nicht einfach. Wichtig ist aber, dass Du Dein Kind durch diese Situationen führst. Es stehen zu lassen, frei nach dem Motto „Das schafft es schon" ist nur selten eine gute Idee. Allerdings ist es fantastisch, wenn Du als Rückendeckung in der Nähe bleibst. So kann Dein Kind Dich um Rat fragen, wenn es einen braucht, zudem spürt es Deinen Rückhalt und kann sich selbstsicherer fühlen. Nichts ist wichtiger, als dass sich Dein Kind zu 100 Prozent auf Dich verlassen kann – egal, was passiert. Die Situation anschließend in aller Ruhe zu analysieren, ist jederzeit möglich, wenn Euch danach ist. Du siehst, es besteht kein Grund, Dein Kind in der Öffentlichkeit zu einem angepassten Wesen mutieren zu lassen. Sie werden so schnell groß und entwickeln sich weiter. Beschütze und begleite es daher durch seine Kindheit, so lange und so gut Du es kannst.

Stressfrei unterwegs: Kindliches Verhalten gelassen akzeptieren

So abgedroschen es sich anhören mag – folge Deinem Bauchgefühl. Natürlich kann es mitunter etwas unangenehm oder sogar peinlich sein, wenn Dein Kind in der Öffentlichkeit über die Stränge schlägt. Aber ist es nicht anstrengend, es in allen möglichen Situationen reglementieren zu müssen oder zu wollen? Ist für Dich der Nachmittag dann nicht genauso doof wie für Dein Kind? Denk in Ruhe darüber nach, wenn Du gerade wieder so eine anstrengende Situation erlebt hast. Überlege, wie Du eine Balance zwischen den Bedürfnissen Deines Kindes und Deinen Wünschen hättest herbeiführen können? Du hast in solchen Momenten nicht immer die Option, erst in Ruhe darüber nachzudenken, wie Du reagieren könntest. Manchmal musst Du schnell sein, wenn es zum Beispiel um die Sicherheit Deines Kindes geht, wie im Straßenverkehr. In anderen Situationen, etwa zu Besuch bei Freunden, kannst Du abwarten, was passiert und wie die anderen Erwachsenen oder die Kinder die Situation retten werden.

Ein Beispiel dazu: Viele Eltern gehen hin und wieder im Restaurant essen. Oft werden die Kinder mitgenommen. Sie müssen still sitzen bleiben und dürfen keinen Unfug anstellen. Wir alle wissen, dass dieser Zustand keine zwei Minuten anhalten wird und kann. Schon tummeln sich die Kleinen unter dem Tisch herum und suchen nach einem neuen Abenteuer. Vielleicht bedeutet das, dass sie nach den Schnürsenkeln angeln und diese öffnen oder mit denen des Nachbarn verknoten. Womöglich sitzen sie auch nur unbeobachtet dort und können sich den Trubel im Restaurant in aller Ruhe anschauen. Natürlich sollten sie nicht durch die Stuhlreihen laufen und Fangen spielen. Das sollte klar und ehrlich kommuniziert werden.

Ein weiteres Beispiel stellt für viele Eltern eine große Herausforderung dar: Kinder und Tiere. Nicht jedes Kind hat das Glück, mit einem Haustier aufwachsen zu können. Das ist in Ordnung. Diverse Gründe sprechen gegen eine Tierhaltung. Dennoch fordert jedes Tier, das einem Kind begegnet, geradezu zu einer Interaktion auf. Kinder können den richtigen Umgang mit einem Tier nur erlernen, wenn sie in irgendeiner Form Kontakt erhalten. Viele Kinder möchten zum Beispiel einfach auf den Hund, der ihnen begegnet, zulaufen und ihn streicheln. Hier ist unbedingt eine Grenze zu setzen. Zuerst muss immer der Besitzer gefragt werden, ob ein fremdes Tier (egal um welche Tierart es sich handelt) gestreichelt werden darf. Das ist etwas, das auch Deinem Kind in Fleisch und Blut übergehen sollte. Dieser Respekt sollte jedem Tierbesitzer und Tier entgegengebracht werden. Außerdem handelt es sich bei dieser Maßnahme um einen Selbstschutz, denn kennst Du ein Tier nicht, kannst Du nicht wissen, wie es auf die Annäherung reagieren wird. Ist Dein Kind noch klein, musst Du nachfragen und es gegebenenfalls ausbremsen. Wird es größer, vertraue darauf, dass es diese Lektion verinnerlicht hat – egal, wie tierbesessen es sein mag.

Welche Grenzen Du im Straßenverkehr setzen solltest, versteht sich sicherlich von selbst, und auch, weswegen sie derart wichtig sind. Diese Grenzen müssen so früh wie möglich gesetzt werden, damit Dein Kind sicher ist. Dabei spielt es keine Rolle, ob es sich um einen Spaziergang, eine Fahrradfahrt mit Deinem Kind im Kindersitz oder das sichere Ein- und Aussteigen am Auto handelt. In solchen Fällen hat Dein Kind auf Dich zu hören, ohne Wenn und Aber.

Nicht immer ist es einfach, Deinem Kind zu erklären, warum ein Supermarkt oder ein Bekleidungsgeschäft kein Spielplatz ist. Aus der Sicht Deines Kindes ist genügend Platz vorhanden und der Laden lädt förmlich zum Entdecken und Spielen ein. Dem kannst Du entgegensteuern, ohne Dein Kind zu maßregeln. Wenn Du es aber in die Einkauftätigkeit einbindest, hat es das Gefühl, dass in jedem Gang ein neues Geheimnis gelüftet werden kann – in dem einen Regal muss es das richtige Brot suchen, im nächsten Gang vielleicht eine Flasche Saft finden. Schon ist die Langeweile beim Einkaufen verflogen und Du hast ein ausgeglichenes und hilfsbereites Kind an Deiner Seite.

Öffentliche Verkehrsmittel können eine Herausforderung darstellen. Nicht nur, weil gerade die Kleinsten die Aufmerksamkeit anderer Fahrgäste auf sich ziehen, sondern, weil sich diese Fahrgäste nicht selten ungefragt ins Spiel bringen. Vertraue auch hier auf Dein Bauchgefühl. Es ist vollkommen in Ordnung, wenn Du sie auf Abstand hältst. *Niemand* darf ungefragt in den Kinderwagen greifen. Ebenfalls wichtig ist, dass öffentliche Verkehrsmittel kein Spielplatz sind und Dein Kind sicher in der Kinderkarre oder auf dem Sitz seines Vehikels sitzen sollte.

Der Besuch bei Verwandten oder Freunden kann gleichermaßen herausfordernd ausfallen. Dein Kind kennt diese Personen, sodass es der Meinung sein könnte, dass es sich in deren Wohnung genauso aufführen darf wie zu Hause. Ob dem so ist oder nicht, kannst Du entweder im Vorfeld abklären oder Du lässt es darauf ankommen und schaust, wie sich Eure Freunde oder Verwandten Deinem Kind gegenüber verhalten.

Auch hier gilt für Dich, einfach loszulassen und abzuwarten, wie sich die Situation ohne Dein Zutun klären lässt.

Welche Momente gibt es noch, in denen Du eine Grenze setzen und die Freiheit Deines Kindes in der Öffentlichkeit einschränken möchtest? Um die Frage nach der Notwendigkeit zu beantworten, spielt Dein direktes Umfeld eine Rolle. Bewerte jede Situation, in die Ihr geratet, intuitiv und entscheide entsprechend, ob und wie weit Du eine Grenze setzt. Wenn Du möchtest, kannst Du Dir auch für diesen Lebensbereich eine Liste erstellen, an die Du Dich halten kannst. Vertraue Deinem Kind, viele Situationen eigenständig einschätzen zu können, um Dich zu entlasten und damit es daran wachsen kann. Dein Kind sollte auch in schwierigen Lebensbereichen „freigelassen" werden, damit es die sich daraus ergebenden Herausforderungen kennen- und meistern lernt. Stehe ihm bei, aber nicht im Weg.

Solche Ziele lassen sich oft nur über längere Sicht erreichen, aber so funktioniert Erziehung. Damit Du es Deinem Kind und Dir leichter machst, ist es sinnvoll, im Nachhinein mit ihm über die Geschehnisse zu sprechen, wenn es bereits das richtige Alter dazu erreicht hat. Lass Dich aber nicht dazu hinreißen, das Thema zu zerreden. Sonst kann Dir das passieren, was mein Ältester praktiziert hat:

Damit er sich dieser Nachbearbeitung entziehen konnte, sagte er immer, was sein Gegenüber seiner Meinung nach hören wollte. Dabei hat er eine hohe Trefferquote erlangt. Leider hatte das zur Folge, dass er allem zustimmte, es aber nie zu einer Umsetzung kam.

Du siehst, manchmal ist ein wohlwollendes Gespräch auch zu viel des Guten. In solchen Momenten hilft nur die autoritäre Grenze, die es strikt einzuhalten gilt. Bleibe in Deiner Mitte und folge Deiner Intuition. Dein Weg, diese Situationen zu bewältigen, ist ganz sicher der richtige.

Wie Du am besten mit Frust, Stress und Wut umgehst

Nicht jeder besitzt die Voraussetzungen, sich einen Punchingball in die Wohnung zu hängen, um an diesem seine negativen Emotionen abzureagieren. Auch ist nicht jeder ein passionierter Läufer, der einfach seine Schuhe anzieht und alles andere hinter sich lässt. Wie kannst Du Frust, Stress oder Wut noch verarbeiten, ohne Dein Kind damit zu belästigen?

• **Spaziergang:** An der frischen Luft ohne die Begrenzung der Wohnung und ohne weitere Auslöser können die Eindrücke schnell hinter Dir bleiben, sodass meist schon eine kleine Runde um den Block ausreicht, um die Kommunikation wieder aufnehmen zu können.

• **Sportliche Betätigung:** Lass beim Sport Dampf ab. Wie bereits erwähnt, hilft das nicht nur beim Abschalten, sondern hebt durch die freigesetzten Glückshormone Endorphin, Dopamin und Serotonin zusätzlich deine Stimmung. So kannst du viel beschwingter zurück nach Hause gehen.

• **Schreien:** Sicher mag es für Deine Nachbarn merkwürdig erscheinen, wenn Du das Fenster öffnest und Deinen Frust nach draußen brüllst. Aber dieses Schreien ist eine sehr effektive Methode, Negativität, Frust und Wut loszuwerden, ohne irgendjemanden damit zu beeinträchtigen. Es muss kein minutenlanges Geschrei werden. Ein kurzer Aufschrei hat schon wahre Wunder bewirkt – und diese Methode funktioniert natürlich auch an einem weniger zugänglichen Ort, es muss kein geöffnetes Fenster sein.

• **Duschen:** Spüle Deine Emotionen von Dir ab. Nutze am Ende dieser spontanen Dusche für ein oder zwei Minuten kaltes Wasser.

Wenn Du es ausprobieren magst, reibe Dich im Anschluss mit Obstessig ein, der mit lauwarmem Wasser wieder abgespült wird. Danach solltest Du noch einmal kalt duschen, um die Poren zu verschließen. So unangenehm vielleicht das erste Mal sein mag, wird es sich mit jedem weiteren Versuch besser anfühlen.

Welche Optionen fallen Dir noch ein, um Deine Emotionen in den Griff zu bekommen und die Anforderungen an Dich wieder zu ordnen? Falls Du in angespannten Situationen dazu neigst zu vergessen, was Dir guttut, solltest Du eine Liste erstellen, die Du an den Kühlschrank oder an anderer Stelle sichtbar aufhängst. So kannst nicht nur Du sie sehen, sondern auch Dein Kind. Es wird Dich zu gegebenem Zeitpunkt sicherlich an die Liste oder eine der darauf stehenden Aktivität erinnern.

Sei ehrlich zu Deinem Kind. Gib ihm, wenn es das entsprechende Alter erreicht hat, liebevoll, aber deutlich zu verstehen, dass Du eine kurze Auszeit brauchst. Es ist okay, danach einfach das Zimmer zu verlassen oder Dein Kind zu bitten, in seinem zu bleiben. Diese Lektion muss es leider lernen. Es wird im Anschluss schnell bemerken, dass Dir diese Auszeit gutgetan hat.

Hat die kleine Auszeit nicht gereicht, solltest Du versuchen, Dein Kind bei einem Spielkameraden, einem Verwandten, einem Freund oder Nachbarn unterzubringen, damit Du Dich wieder sammeln kannst. Manchmal braucht eine Mutter oder ein Vater Zeit, sich wieder vollständig zusammenzusetzen. Wir alle wissen, wie sehr das Leben in der heutigen Gesellschaft an jedem von uns zerren kann.

GRUPPENZWANG UND ERZIEHUNGSHYPES – WARUM „PERFEKT" ÜBERBEWERTET WIRD

Was ist eigentlich ein sogenannter Erziehungshype? Den Begriff „Erziehung" haben wir schon am Anfang definiert. Schauen wir uns nun an, wie es um den englischen Begriff „Hype" steht.

In der direkten Übersetzung wird dieser Begriff mit Wirbel oder Rummel um etwas Bestimmtes erklärt.

Der Duden offenbart zudem drei weitere Definitionen:

1. „Aus Gründen der Publicity inszenierte Täuschung",

2. „Besonders spektakuläre, mitreißende Werbung",

3. „Welle einer oberflächlichen Begeisterung".

Quelle:

Cornelsen Verlag GmbH. (n.d.). Hype. In Duden. Abgerufen am 18. Mai 2024, von https://www.duden.de/rechtschreibung/Hype

Wie also soll man den Begriff „Erziehungshype" verstehen? Meiner Ansicht nach handelt es sich bei den Hypes um Erziehungsstile, um die ein besonderer Wirbel gemacht wird. Denn wenn wir uns den einen oder anderen Hype genauer anschauen, werden wir feststellen, dass es sich hierbei nicht zwangsläufig um neue Erkenntnisse oder Ideen handelt. Vielmehr wurde etwas, das in einer anderen Zeit oder in einer anderen Kultur vollkommen normal gewesen ist, wiederentdeckt und als gut befunden. Damit viele Eltern davon profitieren, wird es als neue

Erziehungsmethode – als neue Errungenschaft – dargestellt, die nur Gutes für das Kind mit sich bringt.

Doch nicht nur das, auch Verhaltensweisen von Erwachsenen, die den meisten von uns geläufig sind, können vielfach bei Kindern angewandt werden. Ein gutes Beispiel bildet die Gewaltfreie Kommunikation – zwischen Erwachsenen ist es vollkommen normal, auf Augenhöhe zu kommunizieren. Warum also sollte man mit Kindern anders sprechen? Sie sind nicht unfähig, eine derartige Kommunikation zu führen, doch können sie dieser Form nur folgen, wenn der Erwachsene sie vorgibt. Trotzdem ist der Hype um die Gewaltfreie Kommunikation nur teilweise nachzuvollziehen. Sie sollte eine Selbstverständlichkeit sein.

Ein kleiner Exkurs: Weißt Du noch, was ich über die Gewaltfreie Kommunikation zu Anfang dieses Buches geschrieben habe? Es handelt sich hierbei nicht nur um eine Kommunikationsart, sondern auch um einen Konfliktlösungsprozess. Es wird auf eine spezielle Weise kommuniziert, da die Beteiligten eine sogenannte humanistische Haltung einnehmen. Eine positive Wortwahl sorgt für Vertrauen, Freude und Klarheit in jedem Gespräch. Vermehrte Kooperation und Kreativität werden ermöglicht. Dauerhaft wird dadurch eine Wertschätzung ausgedrückt, die bei Groß und Klein zu einem Wohlgefühl und somit einem angenehmen Miteinander führt. Bei Kindern ist die Gewaltfreie Kommunikation deshalb so wichtig, damit sie sich nicht nur wohlfühlen, sondern auch positive Erfahrungen mit dem Medium Sprache gewinnen. Wer lernt, sich empathisch und klar zu artikulieren, besitzt ein fantastisches Instrument, um sich in jeder Situation zu verständigen.

Weitere Beispiele für Hypes wären die „Stille Treppe", der antiautoritäre Erziehungsstil oder auch die Erkenntnisse von Rudolf Steiner.

Bei der Rudolf-Steiner-Pädagogik handelt es sich um die sogenannte Verständnispädagogik. Das Kind wird hierbei sehr genau, aber auch mitfühlend beobachtet. Die Lehren, die vermittelt werden sollen, wurden so entwickelt, dass der Lehrende einfühlsam auf das Kind

eingeht und seine Gefühlswelt sowie seine innere Sicht der Dinge in den Lehrprozess einbezieht, sodass sich das Kind bestmöglich in allen Lebensbereichen entwickeln kann.

Diese Methoden sind nichts Neues und trotzdem hat man sie mit einem Hype gefeiert. Heute ist die Waldorfpädagogik kein bloßer Hype mehr, sondern fester, alternativer Bestandteil unseres Bildungssystems.

Zusammenfassend lässt sich sagen, schaut man ein wenig genauer hinter die Kulisse jedes einzelnen Erziehungsstils, wird deutlich, dass Allgemeingültiges als etwas Besonderes dargestellt wird. Es ist nicht notwendig, sich nach den aktuellen Hypes zu richten. Wenn sie nicht in Dein persönliches Konzept passen, kannst Du sie entspannt an Dir vorbeiziehen lassen. Für Dich sollte es nur ein Erziehungs-konzept geben, von dem Du auch nicht abweichen solltest: Dein ganz individuelles. Es ist möglich, dass Du Dich mal von dem einen oder anderen Hype verunsichern lässt, aber halte trotzdem an den Werten fest, die Dir wichtig sind. Wenn Du mit offenen Augen und mit der Absicht, Dich weiterzuentwickeln, durch die Welt gehst, wirst Du bei-nahe jeden Tag etwas Neues lernen können.

Wir tanzen aus der Reihe – echt statt perfekt

Niemand kann leugnen, dass das soziale Umfeld einen großen Einfluss auf uns ausübt. Das gilt sowohl für Kinder als auch für Eltern. Bist Du von vielen Familien umgeben, bei denen alles immer super zu laufen scheint, Fehler nicht vorkommen und auch die Kinder wie kleine Engel wirken, wird es Dir nicht leichtfallen, dem Pfad des Perfektionismus nicht auch folgen zu wollen. Wenn es so kommt, halte einen Moment inne, gehe einen Schritt zurück und beobachte die scheinbar perfekte Familie genauer. Der Mann ist vielleicht nur selten zu Hause, weil er mit seiner Arbeit für das gehobene finanzielle Wohl der Familie sorgen muss. Die Mutter ist womöglich ein wahrer Gutmensch, der jedes Tier rettet, in der Kirche unterstützt, wo sie nur kann, und sogar im Krankenhaus oder Altenheim diejenigen besucht, die keinen Besuch erwarten. Zudem sie ist eine Mutter, die den Tag durchgetaktet hat und immer auf dem Sprung ist, um alle zufriedenzustellen und ihrem Ruf gerecht zu werden. Aber wenn sie sich abends müde und erschöpft ins Bett fallen lassen möchte, geht das nicht, weil die Küche noch nicht aufgeräumt und das Bad noch nicht geputzt ist. Ich will an dieser Stelle nicht für Unordnung plädieren. Jedem gefällt ein ordentliches Zuhause und es ist wichtig, den Kindern eine gewisse Ordnung vorzuleben. Aber hat diese eben beschriebene Mutter tatsächlich noch so etwas wie ein eigenes Leben oder ist sie in einer Struktur gefangen, die sie für das „perfekte" Leben hält?

Wie sieht es bei Dir aus? Entsprichst Du den gesellschaftlichen Anforderungen im Allgemeinen und denen Deines Umfeldes im Besonderen? Und falls Du es nicht tust, stört es Dich? Nein? Sehr gut! Denn nur Du solltest darüber bestimmen, wie Du Deinen Alltag aufbaust und mit welchen Werten Du Dein Kind oder Deine Kinder erziehen möchtest – und wenn Du einen Partner oder eine Partnerin hast, trefft Ihr diese Entscheidungen gemeinsam, als Einheit.

In Deinem direkten Umfeld lassen sich zumeist Menschen finden, die Dich in Deinen Ansichten unterstützen. Oftmals *denkt* man nur, dass die anderen so perfekt oder abgeklärt sind. Vielleicht tragen manche von ihnen auch lediglich eine Maske, die sie für den Rest der Welt aufgesetzt haben, um ihre eigenen Unzulänglichkeiten, Fehler und Zweifel nicht offenbaren zu müssen. Wer gibt schon gern zu, dass die Kinder ihn überfordern, dass man keine guten Einfälle für Geburtstagspartys hat oder dass man Fußball hasst und nicht jeden Sonntag mit der Mannschaft des Kindes unterwegs sein und nachher auch noch die schmutzigen Trikots waschen möchte. Aber was tut man nicht alles für die Kinder?

Es ist nicht leicht, einen Kompromiss zwischen dem, was man selbst möchte, und dem, was für sein Kind am besten ist, zu finden und durchzuführen. Frei nach dem Motto „Mal verlierst Du und mal gewinnt der andere" wirst Du viele Kompromisse eingehen. Vielleicht wirst Du Dir auch sagen: „Oh, in ein paar Jahren ziehen sie allein los. Dann brauche ich sie nur noch zu fahren." Ja, bei vielen Kindern klappt das. Andere bringen vielleicht den ganzen Freundeskreis mit zu Dir nach Hause, weil Du die coolste Mutti oder der coolste Vati der Welt bist. So brauchst Du zwar nicht fahren, hast aber auch keine Ruhe, weil alle bei Dir sind. Sicherlich ist es schön zu wissen, wo Dein Kind steckt und mit wem. Aber *so* hättest Du Dir das sicher auch nicht vorgestellt. In solchen Fällen hilft nur eines – Kopfhörer, um Deine Lieblingspodcasts zu hören, ein spannendes Buch und einen guten Verteidigungsmechanismus, um Deine Snacks und Dein Lieblingsgetränk vor der Horde zu verteidigen.

Da es keine pauschal passende Erziehungsmethode für alle Kinder gibt, wird jeder Elternteil individuell eine eigene Methode finden und anwenden. Es ist daher nur natürlich, dass Du bei Deinem Erziehungsabenteuer immer wieder auf Menschen stoßen wirst, die, egal ob sie selbst Kinder haben oder nicht, mit guten Ratschlägen oder Kritik an Dich herantreten. Unangebrachte Kritik solltest Du an Dir abprallen lassen. Schlimm wird es, wenn sie Dein Kind kritisieren. In solchen Momenten hast Du das Recht und die Pflicht, Dich schützend vor Dein Kind zu stellen und es mit allem, was Du hast, zu verteidigen.

In Kapitel 6 „Strategien für Gelassenheit und Konsequenz" findest Du allerlei Tipps von mir, wie Du Dich im Anschluss an derartige Vorfälle wieder beruhigen kannst. Doch auch wenn Du Dich nach einer solchen Situation schnell runterholst, ist dieser Vorfall im Anschluss in Deinem Gehirn abgespeichert, sodass Du diese Menschen vermutlich meiden möchtest. Ist Dir das nicht möglich, schlage sie mit Freundlichkeit und grüße sie lächelnd, wenn Ihr Euch das nächste Mal begegnet.

Fangen sie aber an, das alte Thema aufzuwärmen, verabschiedest Du Dich schnell und gehst Deines Weges. Auf diese Weise nimmst Du ihnen die Option, Dich erneut auf die Palme zu bringen. Dein Kind sollte ähnlich verfahren – freundlich grüßen und trotzdem beharrlich weitergehen.

Schwieriger wird es hingegen bei Druck, der von außen auf Deine Kinder einwirkt. Gruppenzwang kann überall entstehen, wo Menschen – in unserem Fall Kinder – aufeinandertreffen: in Kitas, Schulen, Vereinen, im Jugendzentrum oder ganz banal im Freundeskreis. In diesem Fall kannst Du nur hoffen, dass Dein Kind diesem Zwang nicht verfällt. Tut es das doch, ist es wichtig, mit ihm darüber zu reden und gegebenenfalls unerwünschte Verhaltensweisen so gut es geht auf angenehme Art wieder auszumerzen oder zumindest abzumildern. Wir alle wissen, wie stark der Sog des Gruppenzwangs sein kann. Nicht jedes Kind kann ihm widerstehen. Auch gibt es viele Kinder, die ihm nur zeitweilig verfallen und dann aufgrund ihres Elternhauses verstehen, warum die Richtung des Gruppenzwanges falsch ist. Es ist eine große Erleichterung für alle Eltern, wenn sie diese Reaktion, diese Verhaltensweise bei ihrem Kind feststellen. Und natürlich hängt auch ein gewisser Stolz in der Luft, dass das eigene Kind diese Hürde allein genommen hat.

Was machst Du, wenn Du während Deines Erziehungsabenteuers auf gesellschaftlichen Widerstand stößt? Zunächst einmal solltest Du Dich fragen, wo die Ursache für diesen Widerstand zu finden ist? Zielt er auf Dich und Dein Weltbild ab? Hat Dein Kind einen Fauxpas begangen, der ihm erst noch erklärt werden muss? Oder ist es gar nicht Euer Problem, sondern eine Frage der Offenheit und des Standpunktes Eurer Umwelt? Egal, woran es liegt, lass die Kritik anderer Menschen nicht zu dicht an Dich heran. Schirme auch Dein Kind davor ab. Versichere ihm, dass es sich zu einem guten, verantwortungsbewussten und empathischen Menschen entwickeln wird, der sich nicht von Kritikern einschüchtern lassen sollte. Nur weil einige Menschen älter sind, bedeutet das nicht, dass ihre Weisheit und ihre Standpunkte allgemeingültig sind.

Wie Du mit dem gesellschaftlichen Druck umgehen kannst

Nicht immer reicht es aus, bis zehn zu zählen und tief auszuatmen, wenn ein wohlwollender Mensch der Meinung ist, sich in Deine Erziehung einzumischen. Sei Dir bewusst, dass die Entscheidungsgewalt hinsichtlich Deiner Erziehung ausschließlich bei Dir beziehungsweise bei Euch als Eltern liegt, solange das Wohl des Kindes im Mittelpunkt steht.

Bei der Einmischung anderer Menschen ist es mitunter sinnvoll, Dir anzuhören, was sie zu sagen haben, zugleich aber wegzuhören, denn genau genommen willst Du ja gar nicht wissen, was sie Dir mitteilen möchten. Lächle in solchen Momenten und täusche Aufmerksamkeit vor. Antworte anschließend freundlich, aber unmissverständlich so etwas wie: „Vielen Dank, dass Sie derart um mein Kind besorgt sind. Vielen Dank für das Teilen Ihrer Erkenntnisse." Danach drehst Du Dich mit Deinem Kind um und gehst. Auf diese Weise vermeidest Du einen Streit und gibst dem anderen Menschen zugleich das Gefühl, er hätte bei Dir etwas bewirkt und seine Worte wären nicht umsonst. Im besten Fall entkommst Du weiteren Einmischungsversuchen und Dein Gegenüber freut sich über seine vermeintlich gute Tat.

Der gesellschaftliche Druck ist nicht zu unterschätzen. Das liegt daran, dass immer jemand der Meinung ist, dass er oder sie die perfekte Lösung für Deine Probleme hätte.

Bist Du in eine übergriffige Situation geraten, versuche, diese Erfahrung später abzuschütteln. Mach Dir bewusst, dass diese Menschen die Begleitumstände nicht kennen und sie deshalb nur selten adäquate Ratschläge geben können.

Allerdings sollte ich an dieser Stelle noch einwerfen, dass man nicht grundsätzlich jedem Ratschlag ablehnend gegenübertreten sollte. Du kennst die Menschen in Deinem Umfeld. Entscheide individuell je nach Situation, ob Du Dir einen Rat anhören und zu Herzen nehmen möchtest oder nicht. Es gibt Momente, da braucht es die Meinung einer unbeteiligten Person oder von jemandem, der in einem bestimmten Bereich schon mehr Erfahrungen sammeln konnte. Lass Dich von Deiner Intuition leiten und reflektiere genau. Hast Du ein gutes Bauchgefühl? Könnte Dir dieser Rat möglicherweise helfen? Dann lass ihn zu. Fühlst Du Dich nicht wohl dabei – gehe so vor, wie ich es oben beschrieben habe.

Stehe zu Deiner Individualität: Dein Kind, deine Werte

Ist Dir schon mal aufgefallen, dass Erzieher und Lehrer nur in seltenen Fällen dem einzelnen Kind gerecht werden (können), sondern oftmals ein Programm fahren, bei dem die reine Wissensvermittlung im Vordergrund steht? Auf diese Weise bleiben viele Kinder auf der Strecke. Manchmal liegt das an den Lehrkräften selbst, oftmals aber auch am Personalschlüssel – viel zu große Klassen oder Kitagruppen und zu wenig Personal sind ein echtes Problem, und das in beinahe jeder Einrichtung.

Dazu ein Beispiel: Wie viele Kinder in Deutschland können nicht oder nur unzureichend schwimmen? Es würde Sinn machen, das schon ab der ersten Klasse zu unterrichten, aber an den meisten Schulen findet Schwimmunterricht erst ab der dritten Klasse oder sogar noch später statt. Der Grund auch hier – zumeist Personalmangel.

Warum also solltest Du Dich nicht mit dem Vermitteln von Werten und Wissen, das Dir sinnvoll und notwendig erscheint, beschäftigen und es an Dein Kind weitergeben? Um diesen Weg zu gehen, bedarf es allerdings einer gewissen Individualität, Überzeugung, einer Portion Enthusiasmus und natürlich der Fähigkeit, Dein Kind zu motivieren und in Deine „Geheimnisse" einzuweihen. Für Dich bedeutet das darüber hinaus vielleicht, dass Du Dir Wissen aneignen musst, das Du noch nicht besitzt. Du musst also Zeit und Energie aufwenden, um Dich mit den Themen, die Du weitergeben möchtest, zu wappnen und Dich anschließend ausgiebig mit Deinem Kind zu beschäftigen. Das Wissensproblem ist meist das kleinere. Denn Büchereien, Museen, Ausstellungen oder Aktionstage für Kinder sind dank der digitalen Vernetzung schnell ausfindig zu machen. Vielleicht stellt das finanzielle Budget oder fehlende Zeit eine größere Hürde dar, doch auch hier lassen sich Wege finden, um zum gewünschten Ziel zu gelangen.

Versuche, Dich mit anderen Eltern, die ebenfalls neue Wege gehen möchten, zu vernetzen. Nutzt diese Gelegenheit, um gemeinsam andere Erziehungsmethoden, Vermittlungs- und Lehransätze auszuprobieren und umzusetzen. Du wirst feststellen, dass die Last auf Deinen Schultern so gleich um ein Vielfaches leichter wird. Dein Kind erhält zudem mehr Input, als Du allein liefern könntest, und Du findest die Unterstützung und den Rückhalt, den Du Dir erhofft hast. Denn gemeinsam zieht Ihr am gleichen Strang, wodurch sich ein besseres Gesamtergebnis für Eure Kinder erzielen lässt.

Warum es sinnvoll sein kann, eigene Wege zu beschreiten? Nicht jedes Kind kommt mit den herkömmlichen Erziehungsmethoden zurecht. Ebenso ergeht es vielen Eltern. Es behagt ihnen nicht, wenn sich ihr Kind im digitalen Zeitalter wie alle anderen nur von dem heimischen Smartphone zum schulischen Smartboard bewegt. Möchtest Du diesen Weg gehen, sollte Literatur von Montessori und Steiner zumindest von Dir gelesen worden, wenn nicht sogar in Reichweite sein. Es schadet nicht, bereits die Kleinen mit den Gesetzen des Universums, der Spiritualität und der Natur vertraut zu machen, wenn Du das möchtest. Je früher sie damit beginnen, desto besser hat sich dieses Wissen verinnerlicht, wenn sie in die Schule kommen. Die dortigen Lehren werden sie problemlos aufnehmen, aber auch hinterfragen können. Auf diese Weise kannst Du darauf vertrauen, dass Dein Kind nicht auf den Schein dieser Welt hereinfallen wird. Vertraue auf Dich und Deine Werte. Gehe auf Dein Kind ein und gewähre ihm ab einem bestimmten Alter ein gewisses Mitspracherecht. Halte Dich einfach an Deine Methoden, denn sie sind richtig und gut für Dein Kind und somit auch für Dich.

AUTHENTISCHE ELTERN =
AUTHENTISCHE KINDER

Der Begriff „Authentizität" ist uns vermutlich allen geläufig. Aber was genau bedeutet er? Würden wir ein Synonym suchen, müsste man zu dem Wort „Echtheit" greifen, denn es geht darum, dass sich ein authentischer Mensch nicht verstellt. Vielmehr bleibt er seinen Ansichten, seiner Weltanschauung und seinen Überzeugungen treu, auch wenn der Rest seiner Umgebung eine andere Meinung vertritt. Was aber bedeutet Authentizität in der Erziehung? Wie bereits am Anfang des Buches erwähnt, hat jeder Mensch seine eigenen Vorstellungen, wie er sein Kind bestmöglich erziehen möchte. Um das tun zu können, ist es notwendig, selbst authentisch zu bleiben. Für ein Kind ist es schwer, den Anforderungen seiner Eltern zu folgen, wenn diese ständig ihre Meinung ändern. Am schlimmsten ist es für Kinder, wenn sich die Eltern in ihrer Persönlichkeit verändern, je nachdem, mit wem sie zusammen sind. Das kann sehr verwirrend und verunsichernd wirken. Kinder brauchen stabile Eltern, die eine eigene Meinung haben und diese auch gegenüber anderen vertreten. Sie brauchen Eltern, die sie führen und anleiten können, ohne dabei von einem Extrem ins andere zu verfallen, nur weil das gerade angesagt ist. Eltern, die unbeirrt ihren Weg beschreiten und klare Ansagen und Vorgaben machen, sind – unwichtig, welchem Erziehungsmodell sie folgen – genau das, was ein Kind braucht, um selbst authentisch werden zu können.

Herausforderungen bei der Umsetzung authentischer Erziehung

Nun mag es Dir manchmal so vorkommen, als würden Dir Steine in den Weg gelegt werden, wenn Du authentisch bleibst. Das liegt aber nicht daran, dass Du falschliegst. Es liegt an Deinem Umfeld, das es vermutlich einfacher finden würde, wenn Du Dich genauso verhalten würdest wie andere Eltern.

Ein Beispiel dazu: Nicht alle kleinen Jungs müssen aufgrund ihres Geschlechts zum Fußballspielen angemeldet werden. Sicherlich ist es nicht immer einfach, eine andere Sportart oder ein anderes, ausfüllendes Hobby für sie zu finden. Aber nur, weil gefühlt alle Jungs im Kindergarten bereits angemeldet sind, besteht keine Notwendigkeit, auch Deinen Sohn anzumelden, wenn er nicht möchte. Es genügt vollkommen, wenn er später lernt, sich in einem Mannschaftssport zurechtzufinden. In der Schule kommt er ohnehin nicht drum herum. Vielleicht wirst Du von anderen Eltern angesprochen, weil Du ihm so angeblich einen Entwicklungsschritt vorenthältst. Lass Dich nicht beirren. Dafür werdet Ihr in dieser Zeit andere Entwicklungsschritte durchlaufen und andere Dinge lernen und erkunden.

Ein weiteres Beispiel: Vielleicht kommt Dein Sohn mit sechs Jahren zu Dir und erklärt, dass er sein Haar wachsen lassen und lang tragen möchte. Wie verhältst Du Dich? Wirst Du ihn in seiner Entscheidung unterstützen und ihn diese Frisur ausprobieren lassen oder wirst Du versuchen, sie ihm auszureden, weil die anderen Jungs in Eurem Umfeld Kurzhaarfrisuren tragen? Klar, in einem solchen Fall wäre es „einfacher", mit der Masse zu gehen, aber letztlich würdest Du Deinem Kind damit vermitteln, dass es besser ist, sich anzupassen, anstatt einen selbstbestimmten Weg einzuschlagen.

Wenn Du Deinem Kind von Anfang an beibringst, altersgerecht für sich selbst Entscheidungen treffen zu dürfen – sei es, ob es einen Mannschaftssport ausüben, Klavierspielen lernen oder seine Frisur frei wählen möchte – wirst Du ihm damit nicht nur vermitteln, dass es im Leben nicht darauf ankommt, sich der Masse anzupassen. Es wird lernen, seine Entscheidungen bewusst zu fällen und vor anderen selbstsicher dazu zu stehen. Zudem wird Dein Kind immer wissen, dass Du egal was kommt, voll und ganz hinter ihm stehst.

Leistungsdruck und alternative Fähigkeiten

Leistungsdruck – ein böses Wort in den Ohren vieler Eltern. Nach wie vor existiert die Meinung, dass man ohne Leistungsdruck und guten schulischen Erfolgen nichts in der Welt werden kann. Dennoch möchten viele Eltern nicht, dass das eigene Kind am Leistungsdruck zerbricht, der ja heutzutage bereits in der Grundschule beginnt.

• Punkt 1: Kein Kind zerbricht daran, wenn man die Grenzen immer wieder ein wenig höherschraubt, um dem Kind einen Anreiz zu liefern, sich (noch) ein bisschen mehr anzustrengen. Aber nicht zu viel auf einmal. Das Kind sollte die Möglichkeit bekommen, sein Potenzial voll zu entfalten und sich kontinuierlich weiterzuentwickeln.

• Punkt 2: Das heutige Schulsystem ermöglicht (fast) jedem Kind, die für ihn bestmögliche schulische Ausbildung zu durchlaufen. Welche das ist, wird sich individuell herausstellen. Einige Kinder sind von Natur aus darauf geprägt, Wissen anzuhäufen. Sie wollen verstehen, wie die Welt um sie herum funktioniert. Andere geben sich mit den Grundlagen zufrieden und besitzen dafür eigene Talente, die es zu entdecken gilt. Auch sie können selbstverständlich einen tollen Beruf finden und eine ebenso tolle Ausbildung durchlaufen. Wir brauchen alle Arten von Menschen – Akademiker ebenso wie Handwerker, Landwirte und viele mehr.

- **Punkt 3:** Natürlich hat jedes Kind Stärken und Schwächen. Versuche, nicht immer die Schwächen Deines Kindes zu sehen. Schau auf seine Stärken. Was kann es besonders gut? Womit beschäftigt es sich am liebsten? Baut gemeinsam die Stärken aus. Fördere sie. Warum? Nehmen wir einmal an, Dein Kind ist nicht gut in Mathe. Das wird vermutlich so bleiben. Genauso ist es aber auch mit den Stärken. Sie werden ein Leben lang vorhanden sein. Warum also nicht früh damit beginnen, sie zu fördern? Natürlich ist auch bei den Schwächen eine Unterstützung notwendig. Die Stärken aber sind umso wichtiger.

- **Punkt 4:** Man tappt leicht in die Falle, sein Kind mit anderen Kindern zu vergleichen. Aber jedes ist anders und damit ist kein Kind mit einem anderen vergleichbar. Mach Dir keine Sorgen, solltest auch Du in diese Falle tappen. Es gibt nur wenige Eltern, denen das nicht hin und wieder passiert. Hauptsache ist, dass Du es selbst bemerkst und diese Intention stoppen kannst.

- **Punkt 5:** Ganz ohne Leistungsdruck geht es für die meisten Kinder ab einem bestimmten Alter nicht mehr. Die Schulabschlüsse rücken näher, da bleibt der Druck nicht aus. Versucht zusammen, einen entsprechenden Ausgleich zu finden. Sport, Musik, Natur, Lesen, Meditation – für jeden Typ gibt es eine gute Entspannungsmöglichkeit. Kann Dein Kind aktiv entspannen und so mit dem Leistungsdruck umgehen, wird es auch für Dich stressfreier sein.

Findet Euren ganz individuellen Weg, dem Leistungsdruck zu begegnen. Niemand muss unter Dauerstress stehen, nur um in der Schule oder im Verein bestimmte Leistungen zu erbringen.

Ein Beispiel dazu: Eine alleinerziehende Mutter betreibt mithilfe ihrer Eltern einen kleinen Reiterhof und wird noch vor der Geburt ihrer Tochter vom Vater verlassen. Die ersten Jahre sind kein Problem. Doch kaum ist die Tochter in der Grundschule, stellt sich heraus, dass diese Form des Unterrichts für sie ein Problem darstellt. Da es keine alternativen Schulen in der kleinen Stadt gibt, muss das Kind dort zunächst ausharren, was ihm nicht gut bekommt. Zu Hause verbringt das Mädchen seine Zeit nur noch bei den Tieren, anstatt für die Schule zu lernen. Sicherlich müsste man an dieser Stelle ansetzen und eine Möglichkeit finden, das Kind neben der Schule zu fördern und darauf zu achten, dass es regelmäßig lernt. Leider ist der Familie das aufgrund ihrer Lebensverhältnisse nicht hinreichend möglich. Erst im 4. Schuljahr, als sich das Kind selbst zutraut, mit Bus und Bahn zur alternativen Schule in die nächstgrößere Stadt zu fahren, kann es umgeschult werden. Von einem auf den anderen Tag blüht das Mädchen auf. An der neuen Schule werden seine Stärken erkannt und seine Schwächen bedarfsgerecht gefördert. An den langen Schulweg gewöhnt es sich schnell und erreicht einen tollen Abschluss, auf dem es sein weiteres Leben aufbauen kann. Dem Leistungsdruck an ihrer alten Schule hätte das Mädchen nicht auf Dauer standhalten können.

GEMEINSAM WACHSEN: FAMILIE ALS TEAM

Wir sind eine Familie – das sollte der Leitsatz jeder Familie sein. Schauen wir uns aber um, sieht es oftmals so aus, als wäre dieses Konstrukt nur eine Zweckgemeinschaft. Die Eltern gehen arbeiten, um ihren Kindern den Status bieten zu können, den sie sich als Eltern wünschen. Damit das Wort „Familie" nicht zur leeren Hülle wird, sollte man schon mit der Geburt den Zusammenhalt zelebrieren. Natürlich kann man nicht alles gemeinsam machen. Der Vater möchte zum Fußball, die Mutter lieber zu ihrem Mädelsabend. Man teilt sich also auf. Das *Wir* steht dennoch stets an erster Stelle. Das gilt ebenso für alleinerziehende Mütter und Väter. Kind und Eltern brauchen Zeit für sich allein. Darüber hinaus gibt es Euch nur im Doppel- oder Mehrfach-Pack. Wer damit Probleme hat, sollte seine Prioritäten überdenken.

Der Familienzusammenhalt kann schon mit kleinen Dingen gefördert werden:

- Gemeinsame Essenszeiten,
- Gemeinsames Spielen, Singen, Tanzen und natürlich Vorlesen beziehungsweise später gemeinsame Lesezeiten und nicht zu vergessen – gemeinsames Lachen, Kuscheln und in jeder Lebenslage füreinander da sein,
- Gemeinsames Entdecken und Erleben der Welt, hierzu gehört auch für beide Seiten, neue Dinge zu erlernen oder auszuprobieren. Vermittle Deinem Kind Dein Wissen und Deine Fertigkeiten,
- Gemeinsame sportliche Aktivitäten oder Ausflüge unterschiedlicher Art,

- Gemeinsame Reisen (falls das ins Portemonnaie passt),
- *Aber* auch gemeinsame Verrichtung der täglichen häuslichen Pflichten.

Je mehr sich Dein Kind darauf verlassen kann, dass Du in *jeder* Lebenslage da bist – auch wenn es richtig Mist gebaut hat –, desto mehr kannst Du Dich darauf verlassen, dass es ebenso in jeder Lebenslage zu Dir halten wird und immer hinter Dir steht. Ein wichtiger Punkt, denn auch Eltern werden irgendwann mal Unterstützung brauchen.

Alle „erziehen" mit – voneinander lernen

In manchen Familien wird es gern gesehen, dass jeder am Prozess der Erziehung beteiligt ist, Kinder wie Erwachsene.

Wie wir wissen, sind wir Eltern nur Menschen mit Stärken und Schwächen, guten und schlechten Tagen. So können auch wir Fehler machen. Es sollte eine Selbstverständlichkeit sein, dass unser Kind uns darauf aufmerksam machen darf.

Ein Beispiel: Die Spülmaschine hat den Schmutz nicht vollständig beseitigt, was Du beim Ausräumen aber nicht bemerkt hast. Natürlich darf Dein Kind dich darauf aufmerksam machen. Das ist kein Affront. Es ist eine einfache Feststellung und deshalb als neutrale Aufmerksamkeit Deines Kindes zu werten, denn es will nur helfen.

Ebenso ist es in Ordnung, wenn Dein Kind Dich darauf aufmerksam macht, dass Du dabei bist, die Gutenachtgeschichte zu vergessen oder die Schlafenszeit heute viel zu spät eingeläutet wird. Es gibt noch viele Beispiele dieser Art.

Worauf man als Eltern ebenfalls achten sollte, ist, dass bei mehreren Kindern die älteren Geschwister nicht zu viel Verantwortung für die jüngeren aufgebürdet bekommen. Im leider oftmals hektischen Alltag kann so etwas schnell aus den Augen verloren werden. Es ist praktisch, wenn die zehnjährige Tochter von sich aus den zweijährigen Bruder mitversorgt, sie macht das doch gern und die Eltern können sich in der Zeit um andere Dinge kümmern.

Natürlich ist nichts Schlimmes daran, wenn Geschwister sich umeinander kümmern, das ist sogar wichtig und die älteren lernen so schon früh, Verantwortung zu übernehmen. Aber das sollte nur in einem gewissen Rahmen geschehen. Wenn ältere Kinder das Gefühl entwickeln, dass sie ihre gestressten Eltern unterstützen müssen, wird dieser Stress auch für sie selbst irgendwann zu viel werden und der Druck steigt. Hier gilt es, aufmerksam zu sein und immer wieder zu hinterfragen, ob der Alltag, so wie er gerade vorherrscht, für alle Beteiligten in der Familie in Ordnung ist und sich alle wohlfühlen. Wenn Ihr Euch unsicher seid, sprecht Eure Kinder darauf an. Wenn Ihr bis dahin ein gutes Vertrauensverhältnis zueinander aufgebaut habt, werden sie ehrlich sein.

Kommunikation und Konfliktlösung in der Familie

Erziehung ist derartig vielseitig aufgestellt, dass es unmöglich erscheint, dass das Kind nicht selbst einen Teil dazu beiträgt. Aber hörst Du ihm auch ausreichend zu? Vielleicht hat es Dir schon mehrfach gesagt, dass es bestimmte Sportarten nicht mag oder dass es in Mathe nicht allein klarkommt. Erziehung ist ein Geben und Nehmen. Mal erziehen wir das Kind und mal ist es genau andersherum. In vielen Situationen benötigen wir nur den Blickwinkel unseres Kindes, um eine gemeinsame Lösung herbeizuführen. Nicht immer muss alles genau durchdacht und penibel durchgeführt sein. Manchmal ist das „Aus-dem-Bauch-heraus-Agieren", wie es bei den Kindern zu finden ist, die beste Lösung. Die

unkomplizierte Denkweise des Kindes kann mitunter wahre Wunder bewirken und eine einfache, situationsbedingte Lösung hervorbringen.

Jede Familie besitzt ihre eigene Mundart, die von allen Familienmitgliedern automatisch übernommen wird. Menschen aus dem direkten Umfeld können so schnell erkennen, welches Kind zu welchen Eltern gehört. Dieser Umgangston sollte untereinander freundlich, bei Bedarf bestimmt, aber stets wohlwollend und mitfühlend sein. Bring Deinem Kind die gewaltfreie und dennoch durchsetzungsfähige Art der Kommunikation bei. Auch Grenzen können mit liebevollem Unterton gesetzt werden. Lernt Dein Kind diese Form der Kommunikation, kann es sich innerhalb wie auch außerhalb der Familie bestens artikulieren und durchsetzen. Das bedeutet nicht, dass Du einen kleinen Despoten heranziehen sollst. Wer aber die Kunst der Gesprächsführung innerhalb der Familie nicht beherrscht, wird sie auch außerhalb nicht anwenden können.

Zur gelungenen Kommunikation gehört neben einer ruhigen Redeweise auch die Streitkultur. Natürlich wünscht man sich grundsätzlich ein harmonisches Zusammenleben mit seinen Lieben und möchte nicht streiten. Aber das ist nicht immer möglich. Oftmals sind es nur Kleinigkeiten, die uns zur Raserei bringen.

Zähle zunächst innerlich bis mindestens drei, vielleicht besser bis zehn, ehe Du Dich Deinem Kind zuwendest. Ist es noch klein, weiß es nicht immer so genau, was Dich verärgert hat. Darüber hinaus gibt es aber auch Momente, in denen Dein Kind schauen möchte, womit es Dich ärgern kann. In diesen Fällen bleibe gelassen, so verliert es schnell den Spaß daran. Erkläre lieber, was Dich ärgert, und versucht, zusammen eine Lösung zu finden, damit Ihr nicht noch einmal in diese Situation geratet. Kann nicht gleich eine Lösung gefunden werden, ist morgen auch noch ein Tag. Manchmal ist es gut, wenn der Rauch sich verziehen kann, bevor Ihr Euch zusammensetzt. Das gilt nicht nur für die lieben Pubertierenden. Auch jüngere Kinder können diese Maßnahme erforderlich machen. Dumm ist es nur, wenn Du die Geschichte bis zum nächsten Tag vergessen hast, Dein Kind aber auf eine Klärung besteht. In diesen Fällen kann es Dir passieren, dass Du von Deinem Kind gnadenlos vorgeführt wirst, aber für solche Momente hast Du Dir hoffentlich bereits ein dickes Fell angeschafft.

Nicht nur für Deinen Nachwuchs, sondern auch für Dich ist es wichtig zu wissen, dass Du der Fels in der Brandung bist und sich Dein Kind mit wirklich *jedem* Anliegen an Dich wenden kann.

Die Familie löst sich gemeinsam von den Erwartungen

Ihr als Familie könnt darüber reflektieren, ob und inwieweit Ihr den gesellschaftlichen Normen entsprechen oder Euch von ihnen lossagen wollt. Habt Ihr Euch dazu entschieden, Euch von Ihnen zu lösen und einen individuellen Weg einzuschlagen, ist es wichtig, auch Euer Kind mit ins Boot zu holen. Im Kleinkindalter wird das noch leichtfallen. Spätestens in der Grundschule wird Euer Kind aber merken, dass es bei ihm zu Hause anders zugeht als bei den Klassenkameraden. Hast Du gute Vorarbeit geleistet, so kannst Du darauf zählen, dass es sich nicht von den „tollen" Leben und Dingen, die es in der Schule kennenlernt, blenden lässt. Habt Ihr eine solide Basis aufgebaut, wird Dein Kind den Unterschied nur merkwürdig finden, aber weiterhin voll und ganz zu Eurem Leben, Eurem Familienleben stehen und sich lediglich die besten Dinge von den anderen Kindern abschauen und mit diesen neuen Errungenschaften Euren gemeinsamen Weg verbessern wollen. Einige werden umsetzbar sein, andere nicht. Mach Dir darüber keine Gedanken. Du wirst schon sehen, was integriert werden kann. Sprich offen mit Deinem Kind darüber. Teilt Ihr eine gute Bindung und

Kommunikationsebene, wird Dein Kind Dir recht geben und es dabei belassen. Es weiß garantiert, was es an Dir und Deiner Erziehung hat, selbst wenn es das nicht immer deutlich ausdrücken kann.

Jeder von Euch bringt seine eigenen Fähigkeiten und Talente mit, die er zum Wohle der Familie ausführen kann. So kann Euer Familienweg gemeinsam eingeschlagen werden, wie individuell er auch aussehen mag. Es wird nicht immer einfach sein, diesen Weg beizubehalten. Sicherlich wirst Du Dich mit Außenstehenden auseinandersetzen müssen. Nachbarn, Familie, Freunde sowie Lehrer und Erzieher werden Dich immer wieder auf die Probe stellen. Bist Du nicht gefestigt, hast Du das Gefühl, dass Deine Familie als Team so nicht funktioniert, kann es durchaus sein, dass Du ins Wanken gerätst. In einem solchen Moment ist es an der Zeit, Dich selbst und Deine Ambitionen zu hinterfragen. Vielleicht erinnerst Du Dich, dass ich am Anfang des Buches schrieb, dass man manchmal seinen Weg den Gegebenheiten anpassen muss. Dabei handelt es sich aber zumeist nur um kleine Veränderungen, die im Gesamtbild nicht auffallen.

Stärkung der kollektiven Identität

Um Dein Team – Deine Familie – zu stärken, sind regelmäßige Familienbesprechungen hilfreich. Es festigt den Zusammenhalt, wenn man etwas gemeinsam beschließen kann. Sei es der Familienurlaub, die Anschaffung neuer Möbel oder eines neuen Autos sowie vielleicht die Finanzplanung des kommenden Monats. Bei Problemen, die beispielsweise die Schule betreffen, ist es besonders wichtig, alle Familienmitglieder an einen Tisch zu bekommen.

Sei in solchen Gesprächsrunden immer ehrlich. Jeder von Euch sollte seine Meinung frei äußern dürfen, allen anderen aber ebenso offen zuhören. Zusammen könnt Ihr anschließend nach gemeinsamen

Lösungen oder vielleicht nach Kompromissen suchen, falls Ihr Euch nicht einigen könnt. Das ist nicht immer einfach, aber dazu sind Familienbesprechungen da. Wichtig ist, immer darauf zu achten, dass ein gefundener Kompromiss die Authentizität jedes Einzelnen nicht unterwandert. Du wirst sehen, mit jeder Familiensitzung wird es für Euch leichter werden, die Angelegenheiten, die Euch auf der Seele liegen, anzusprechen. Ebenso wird es einfacher, einen Kompromiss zu erzielen. Wie so vieles im Leben braucht es ein wenig Übung und natürlich die Bereitschaft aller Beteiligten, sich darauf einzulassen.

Zudem solltet Ihr auf Eure Gesprächskultur achten. Man darf auch mal emotional werden, aber überwiegend sollte ein neutraler, ruhiger Gesprächston die Familiensitzung bestimmen. Wenn das klappt, werdet Ihr gemeinsam alle Hindernisse mit Leichtigkeit überwinden.

ELTERN UND IHRE GESCHICHTEN

Früh übt sich: Der kleine Helfer im Haushalt

Für viele Eltern scheint es normal zu sein, dass die Kinder schon früh die alltäglichen Aufgaben im Haushalt erlernen. Das fängt beim gemeinsamen Aufräumen an und hört beim Putzen der Toilette und dem Runterbringen des Mülls auf.

Das Kind, von dem hier die Rede ist, hat im Alter von einem Jahr bereits eine feste Aufgabe erhalten. Es war dafür zuständig, den Tisch vor jeder Mahlzeit zu decken. Anfänglich haben die Eltern noch geholfen, alles an den Tisch zu bringen. Hat sich das Kind geweigert, was in diesem Alter verständlich ist, gab es Restriktionen wie keinen Nachtisch oder Ähnliches.

Bereits mit zwei Jahren war es in dieser Hinsicht eigenständig. Es hat diese Maßnahme nicht hinterfragt, weil es noch zu jung war.

Dieses Kind ist ein wunderbares Beispiel für Adultismus. Es hat sich in jedes Raster drücken lassen, in das seine Eltern es sich hineinwünschten. Diese Eltern haben sich darüber amüsiert, dass mein Sohn nur geholfen hat, wenn er wollte. So liebte er es beispielsweise Kartons, Kisten und Wäschetonnen hin und her zu tragen. Er durfte sich aussuchen, welche Aufgabe er im Haushalt übernehmen wollte. Geholfen hat er auf diese Weise trotzdem, aber in ein Raster haben wir ihn bis heute nicht quetschen können oder wollen und mittlerweile ist er ein junger Erwachsener von 20 Jahren.

Die anderen Eltern haben ihr Kind auf einen Erfolgstrip im Fußball geschickt. Ein Raster, das sich insbesondere viele Väter wünschen. Eine Alternative wurde dem Kind nicht angeboten. Unser Sohn durfte Bescheid sagen, als er nach fast drei Jahren Training keine Lust mehr auf Fußball hatte – wieder wurden wir belustigt angeschaut. Da bei uns auf ausreichende Bewegung geachtet wurde, haben wir eine Alternative gesucht, die ihm mehr Spaß machte. Mit Wing Tsun wurden wir fündig. Eine Selbstverteidigungssportart, die er sieben Jahre lang ausübte. Beide Sportarten hatten ihre Zeit und haben unserem Kind gutgetan. Ich denke, wir haben alles richtig gemacht.

Ab in die Wüste

Ich lernte eine Mutter im Kindergarten kennen. Ihr Jüngster ging mit meinem Ältesten in eine Gruppe. Wir hatten sofort einen Draht zueinander, die Jungs ebenso. Diese Mutter hatte vier Kinder von drei Vätern, von denen nicht einer mit der Familie zusammenlebte. Sie fand es besser, die Kinder allein großzuziehen, als sich mit den Männern auseinandersetzen zu müssen. Sie hatte einen Weg gefunden, sich ein großes Netzwerk aufzubauen, das aus Familie, Freunden, Tagesmüttern, Babysittern, Nachbarn und der Betreuung in Kindergarten und Schule bestand. So waren ihre Kinder stets bestens untergebracht und betreut. Auf diese Weise waren sie zudem vielen unterschiedlichen Einflüssen ausgesetzt. Wer vom Fach war, hat sicherlich bemerkt, dass diese Kinder ohne Vater aufgewachsen sind. Aber geschadet hat es ihnen nicht. Jeder von ihnen hat einen vernünftigen Schulabschluss absolviert und eine gute Ausbildung gemacht. Zudem besitzen sie große Sozialkompetenz, die bei den heutigen jungen Erwachsenen nicht selbstverständlich ist. Die Mutter musste oft einen riesigen Spagat hinlegen, um neben der Kindererziehung für den Lebensunterhalt zu sorgen. Aber sie hat es geschafft und ist dabei selbst nicht auf der Strecke geblieben. Hut ab, kann ich nur sagen!

Aufwachsen im Restaurant: Die Geschichte eines Gastronomenkindes

Für Selbstständige ist es noch schwieriger, ein Kind einzuplanen als für angestellte Eltern. Das hat auch dieser Junge lernen müssen, als seine Mutter ihn aus dem Krankenhaus nach Hause brachte. Sie ging sofort mit ihm ins Restaurant und stellte ihn den Stammgästen vor. So oft es ging, übernahm die Großmutter die Nachmittagsbetreuung, wenn der Andrang im Restaurant am größten war. Eine strenge Frau mit altmodischen Ansichten.

In ihrer freien Zeit widmete sich die Mutter ihrem Kind so intensiv, wie sie konnte, und versuchte, es in alle Richtungen zu fördern. Nur Kinderlieder mochte sie nicht.

Als der Junge mit drei Jahren in den Kindergarten ging, konnte er auch spontan zu seinen Freunden gehen, wenn deren Eltern es erlaubten. Dort durfte er Kinderlieder hören und lautstark mitsingen, was zu Hause aufgrund der Abneigung seiner Mutter gegen diese Musik nicht funktionierte. Auf diese Weise hat er unterschiedliche Erziehungsansätze kennengelernt, was ihn zu einem offenen, empathischen Jungen machte.

Für die selbstständige Mutter haben sich verschiedene, teilweise spontane Pausenfenster geöffnet, die sie geschickt für sich nutzte. Bis zum Ende der Grundschule haben sie diese Struktur aufrechterhalten. Danach sind sie nach Mallorca ausgewandert, wo den weltoffenen Jungen ein neues Leben erwartete. Mutter und Sohn haben von diesem Erziehungsmodell profitiert. Die Weltoffenheit machte es dem Jungen leicht, mit seinen Mitschülern, Sportkameraden und Nachbarn klarzukommen. Seine Mutter ist trotzdem sein Fels in der Brandung, die ihm den Rücken stärkt und für ihn da ist. Sicherlich ist ihre Methode unkonventionell gewesen, vor ihrer Verantwortung hat sie sich aber trotzdem nicht gedrückt und es hat alles funktioniert.

Unterwegs im gelben Bulli:
Eine Mutter auf Fahrmission

Auf dem Land ist es nicht immer einfach, die geeignete Kita oder die beste Schule zu finden. Egal, wie man sich entscheidet, muss man sein Kind immer irgendwo hinfahren. Die Mutter, von der ich erzählen möchte, hatte drei Kinder, die sie unter einen Hut bringen musste. Sie besaß einen gelben VW Multivan, auch Bulli genannt. Morgens um 7:55 Uhr musste der älteste Sohn in der Schule sein – 15 Minuten Fahrzeit. Von dort aus ging es in die entgegengesetzte Richtung zum Waldkindergarten. Dort begannen sie eigentlich auch um 8:00 Uhr. Wie gut, dass der Bruder schon ab 7:40 Uhr an der Schule sein durfte und die Kameraden, die mit dem Bus fuhren, auch um diese Zeit eintrafen. Vom Waldkindergarten aus fuhr die Mutter oft zum Einkaufen oder zu anderen Terminen. Anschließend ging es nach Hause, um den Haushalt zu erledigen oder im Garten zu arbeiten. Bis um 11:00 Uhr, spätestens 11:30 Uhr, der Wecker klingelte, damit der Bulli wieder zur Abholtour starten konnte. Erst zur Schule, spätestens 13:30 Uhr zum Waldkindergarten. Oftmals nahm sie ihren großen Sohn mit zum Abholen in den Wald. So hatte er nach der Schule Bewegung und frische Luft und konnte seine alte Kindergartengruppe besuchen. Alles in allem ein Gewinn für ihn. Während der Autofahrt zum Kindergarten hörten sie viel Musik. Der Junge konnte von der Schule erzählen und hatte seine Mutter ganz für sich allein.

Die Fahrerei wurde mehr, als auch das zweite Kind in die Schule kam, das dritte aber noch im Waldkindergarten war.

Insgesamt belief sich die Zeitspanne des ständigen Fahrens auf rund 14 Jahre, bis endlich auch das letzte Kind die Grundschule verlassen hatte und mit dem Bus zur weiterführenden Schule fahren konnte.

Für die Kinder war die Zeit im Waldkindergarten großartig, denn dort lief vieles anders als in einer normalen Regelgruppe. Auch die Wahl der

Grundschule war bewusst getroffen worden, da sie klein und familiär war. Die Kinder fühlten sich dort sehr wohl. Die viele Fahrerei war sicherlich oft stressig, die Mutter hatte aber kein Problem damit, da sie es für die Kinder tat – und wenn sie irgendwo zu früh ankam, konnte sie es sich im Multivan gemütlich machen und für kurze Zeit die Augen schließen, lesen oder einfach nur in die Wolken starren. Das Auto hat ihr trotz der vielen Fahrerei eine gewisse Freiheit geboten und auch Freunde konnten spontan mitgenommen werden. Somit profitierten alle auf ihre Art von diesen Entscheidungen.

Mit Schlamm und Freude

Viele Eltern übertreiben es mit der Hygiene ihrer Kinder. Dabei weiß eigentlich jeder, dass es dem Immunsystem guttut, wenn man nicht andauernd mit dem nassen Waschlappen oder sogar Desinfektionsmittel für die Hände den winzigsten Schmutzpartikel vom Kind entfernt. Es gibt aber auch Eltern, die ihren Kindern höchst persönlich zeigen, wie man im Regen tanzt, in die größten Wasser- und Schlammpfützen springt und sich bei handwerklicher Arbeit oder im Garten die Hände so richtig schön dreckig macht. Nicht viele Kinder können von sich behaupten, dass sie sich mit ihrem Hund gemeinsam in einer Schlammpfütze gesuhlt haben. Dass beide anschließend mit dem Wasserschlauch abgespritzt wurden, um wenigstens ein bisschen Schlamm zu entfernen, erscheint verständlich. Diese Familien werden sich nicht daran erinnern, dass der Schmutz (vielleicht) das Immunsystem gestärkt hat. Auch werden sie mit der Zeit die endlosen Waschmaschinenladungen vergessen, die deshalb gewaschen werden mussten. Aber sie werden sich an den gemeinsamen Spaß erinnern. Vielleicht gibt es sogar ein paar tolle Fotos oder Videos davon, die man sich später noch einmal anschauen kann.

Diese Kinder haben gelernt, dass Schmutz nicht beißt und man keine Angst davor haben muss. Viele Gleichaltrige und deren Eltern haben beim Zusehen oftmals die Hände über dem Kopf zusammengeschlagen. Aber warum eigentlich?

Für gestresste Eltern kann es doch kaum etwas Schöneres geben, als ihren Nachwuchs mit strahlenden Gesichtern im Matsch zu beobachten und diesen Moment auf Fotos oder Videos festzuhalten. Nichts entspannt mehr, als sein Kind glücklich zu sehen – egal, ob es sauber oder schmutzig ist.

Selbstbestimmt zum Abitur:
Der Weg einer Freilernerin

Ich finde, es ist eine Meisterleistung, es bis zum MSA (Mittlerer Schulabschluss) zu schaffen, obwohl man in diesem Schulsystem lernen musste. Umso erstaunlicher ist es, wenn man den MSA mit Bestnoten besteht. Schließlich hat man sich sehr gelangweilt und wurde dauernd ausgebremst. Die junge Frau, von der hier die Rede ist, hatte das Glück, dass sie stets von ihren Eltern unterstützt wurde. Sie suchten auch die Gespräche mit den Lehrern, wenn diese dem Mädchen Querdenkerei, Unruhestifterei und Ähnliches im Unterricht vorwarfen. Das war für die Eltern sicherlich genauso herausfordernd wie für ihr Kind.

Nach dem bestandenen MSA organisierten die Eltern mithilfe einer Spendenaktion und eigenen Mitteln einen zweijährigen Auslandsaufenthalt für ihre Tochter.

Mit neuen Eindrücken und Kenntnissen kam sie wieder und belegte am Abendkolleg einen Abiturkurs. Aufgrund ihres eisernen Willens und der Unterstützung ihrer Eltern war es ihr in verkürzter Zeit möglich, sich für die Abiturprüfungen, die an einer öffentlichen Schule stattfanden, einzuschreiben. Man braucht nicht viel Fantasie, um zu erraten, dass sie ihre alte Schule dafür auswählte. Es wurde gemunkelt, dass im Lehrerzimmer Wetten hinsichtlich ihres Bestehens abgeschlossen wurden. Die junge Frau war derart gut vorbereitet und in ihrem Selbstbewusstsein gestärkt, dass sie wieder mit Bestnoten aus allen Prüfungen hervorging. Was beweist uns das? Egal, wie sehr das Schulsystem Dein Kind ausbremst, egal, wie laut die Rufe der Lehrer sind, dass es Dein Kind „niemals so weit schaffen wird mit dieser Arbeitseinstellung", habe Vertrauen auf die Stärke, die Du ihm durch Deine Unterstützung zuteilwerden lässt.

Natürlich kann nicht jedes Kind jede Hürde nehmen. Bleibt realistisch. Schaut auf die Stärken Deines Kindes. Aufgeben auf dem Weg zu seinem Traumjob, ist keine Option!

Die Krux mit der Prüfungsangst

Das Mädchen ist relativ frei erzogen worden. Die Eltern gaben ihm einen sehr weit gesteckten Rahmen und ließen es einfach groß werden. Da es einen ausgeprägten Wissensdurst besaß, hat es seinem Vater bei allen Tätigkeiten in Haus und Hof zugesehen, dabei konnte das Mädchen viel lernen und durfte auch einiges ausprobieren. Später bekam es aber das Gefühl, als müsse es seinem Vater beweisen, wie gut es tatsächlich war. Egal ob im Sport, in der Schule oder bei den Arbeiten auf dem Hof – das Mädchen wollte erreichen, dass sein Vater es lobte, was dieser aber grundsätzlich nicht tat. So strengte es sich noch mehr an. Bei Prüfungen jeglicher Art stellte sich bei dem Mädchen jedes Mal ein Blackout ein, vollkommen egal, was es versuchte. Dann standen die Abschlussprüfungen seiner Ausbildung an. In der Praxis war alles bestens, die schriftliche und mündliche Prüfung hingegen bestand das Mädchen zwar, aber sie hätten deutlich besser ausfallen können. Sein Ausbilder nahm es beiseite und gratulierte ihm. Er sagte: „Super, du hast bestanden. Die Note ist vollkommen egal! Ja, du hast richtig gehört! Aber weißt du, was ich über dich erfahren habe? Du weißt genau, wo du nachschlagen oder nachfragen musst, wenn du nicht mehr weiterkommst. Und das ist für mich die Hauptsache."

Diese junge Dame hätte sich all die Selbstzweifel und die übertriebenen Anstrengungen sparen können, hätte sie diese Worte schon viel früher gehört.

Was lernen wir daraus? Lobe Dein Kind, wenn es angebracht ist, aber übertreibe es nicht. Unterstütze es dafür umso mehr mit Informationen und gemeinsamer Recherche. Bringe Deinem Kind praktische Lektionen bei, sodass ein Learning by Doing entsteht. Kann Dein Kind durch Abgucken eine neue Fähigkeit erlernen, ist das viel mehr wert als ein ganzes Schuljahr erweiterte Mathematik, die man aber auch nicht unterschätzen sollte.

Roadtrip mit Kleinkind: Eine Mutter und ihr mobiles Zuhause

Kurz nach der Geburt hat sich die Mutter einen Camper gekauft, ihr Kind eingepackt und eine jahrelange Rundreise durch Europa unternommen. Während dieser Zeit hat sie dem Kind alles beigebracht, was es brauchte und wissen wollte. Sie haben gemeinsam neue Menschen kennengelernt, gekocht, gewaschen, die Natur erkundet und alltägliche Höhen und Tiefen durchlebt. Die Mutter hatte sich vorgenommen, wieder im Land zu sein, wenn ihr Kind eingeschult werden sollte. Doch war es nicht einfach, einen Platz an einer alternativen Schule zu bekommen, denn eine Regelschule kam für sie nicht infrage. Es war nicht leicht, aber letztlich schaffe sie es.

Was wir daraus lernen? Sei mutig! Du kannst, insbesondere, solange Dein Kind noch klein ist, das Leben so gestalten, wie es für Euch am besten passt. Lass Dir keine Angst machen. Sei auch als digitaler Nomade fleißig und gewissenhaft. Es gibt mehr Möglichkeiten, mit einem Kind mobil zu sein, als Du denkst. Aber Du musst gleichzeitig organisiert sein, um gut für Euch sorgen zu können. Wie war das noch? Aufgeben ist keine Option.

Wie Du an den Beispielen sehen kannst, brauchst Du zwei Stärken, um Dich abseits der eingetretenen Erziehungspfade zu bewegen: Mut, um den Weg einzuschlagen und beizubehalten, sowie Selbstvertrauen, um zu erkennen, dass die anderen, die sich den Erziehungshypes und überlieferten Traditionen hingeben, nicht immer im Recht sein können. Zeige allen, dass Dein Weg nicht nur anders, sondern gut ist.

SCHLUSSWORT

Vertraue Deiner eigenen Erziehungskompetenz

Wir sind am Schluss angekommen und hoffentlich hast Du so einiges aus diesem Buch mitnehmen können.

Lass Dich nicht von anderen Müttern und Vätern aller Altersklassen verrückt machen. Die Erziehung, die Du Deinem Kind angedeihen lässt, ist für Euch perfekt. Was willst Du mehr? Du möchtest keine Erziehung à la 1950, 1970 oder 1999 mehr. Auch die Erziehungshypes, die Dir immer wieder über den Weg laufen werden und denen Du, auch wenn Du sie nicht anwenden willst, nicht vollständig entkommen kannst, beeindrucken Dich nicht. Vielleicht geben sie Dir aber die eine oder andere Anregung. Du kannst beruhigt Deinen eigenen Erziehungsweg weitergehen, wenn er für Euch gut ist. Spätestens an diesem Punkt kommt nämlich die Erkenntnis, dass man das Ergebnis, wie auch immer es ausfallen mag, sowieso erst sieht, wenn die Erziehung schon längst nicht mehr greift, weil das Kind erwachsen ist.

Schön wäre es natürlich, wenn Du Gleichgesinnte und Freunde findest, die genauso denken wie Du. Ein Austausch wird Dich und Euch als Familie bestärken, dass der eingeschlagene Weg für Dich/Euch absolut richtig ist. Sich gegenseitig zu unterstützen und im Erziehungsabenteuer aufzufangen, ist das Beste, was Euch passieren kann.

Bleibe stets bei Dir selbst und lass Dir von *niemandem* erzählen, dass Du eine schlechte Mutter oder ein schlechter Vater wärst, nur weil Du vielleicht ein wenig anders erziehst als die breite Masse. Das ist vollkommen in Ordnung, solange Du Dein Kind mit den richtigen Werten aufziehst: Ehrlichkeit, Höflichkeit, Respekt, Akzeptanz,

Durchsetzungsvermögen, Empathie, Fleiß, der Liebe zur Natur und der Schöpfung sowie Dankbarkeit. Sollte ich etwas Wichtiges vergessen haben, das für Dich noch auf dieser Liste erscheinen sollte, füge es einfach in Gedanken hinzu.

Es lässt sich nicht vermeiden, dass Du im Alltag hin und wieder auf Personen triffst, die Deine Erziehungsmethoden infrage stellen oder Dir vorwerfen, Fehler zu machen. Nehme Dir diese Kritik nicht zu sehr zu Herzen, gehe Deinen – Euren – Weg und lasse Dich dabei nicht verunsichern. Du hast recht, wenn Du sagst, dass das nicht immer einfach sein wird. Aber wenn Ihr als Familie zueinandersteht und füreinander da seid, werdet Ihr Euch Halt geben, auch wenn es mal stürmisch wird.

Und vollkommen egal, was kommen mag, vergiss eins nicht: Es gibt nur eine beste Mutti oder einen besten Vati – und das bist *Du!*

In diesem Sinne wünsche ich Dir, dass Du Dir und Deinen Ansichten und Entscheidungen treu bleibst und Dein Kind nach den Werten erziehst, die Du Dir vorstellst. Dein Kind und Du, Ihr seid es wert, dass Eure Ideen, Blickwinkel und Vorstellungen einen Platz in der Welt finden.

Ich wünsche Euch ein aufregendes, ereignisreiches und erfülltes Leben!

Eure Stefanie Kuhlmann

Printed in Poland
by Amazon Fulfillment
Poland Sp. z o.o., Wrocław

36122396R00085